# 持续焦虑

## 世界范围内的反现代化思潮

［美］艾恺（Guy S. Alitto）著

生活·讀書·新知 三联书店

Simplified Chinese Copyright © 2022 by SDX Joint Publishing Company.
All Rights Reserved.

本作品简体中文版权由生活·读书·新知三联书店所有。
未经许可，不得翻印。

**图书在版编目（CIP）数据**

持续焦虑：世界范围内的反现代化思潮／（美）艾恺著．—北京：生活·读书·新知三联书店，2022.3（2024.10重印）
（三联精选）
ISBN 978-7-108-06825-5

Ⅰ.①持… Ⅱ.①艾… Ⅲ.①现代化-保守派-思想评论 Ⅳ.①D091.5

中国版本图书馆 CIP 数据核字（2020）第 065770 号

| | |
|---|---|
| 特邀编辑 | 付 帅 |
| 责任编辑 | 李 佳 |
| 装帧设计 | 鲁明静 |
| 责任校对 | 曹忠苓 |
| 责任印制 | 董 欢 |
| 出版发行 | 生活·讀書·新知 三联书店 |
| | （北京市东城区美术馆东街22号 100010） |
| 网  址 | www.sdxjpc.com |
| 图  字 | 01-2021-6217 |
| 经  销 | 新华书店 |
| 印  刷 | 北京隆昌伟业印刷有限公司 |
| 版  次 | 2022年3月北京第1版 |
| | 2024年10月北京第4次印刷 |
| 开  本 | 880毫米×1092毫米 1/32 印张11.125 |
| 字  数 | 187千字 |
| 印  数 | 14,001-17,000册 |
| 定  价 | 49.00元 |

（印装查询：01064002715；邮购查询：01084010542）

# 目录

前　言　1

一　现代化的定义　9

二　作为解释性用词的"现代化"　13

三　启蒙运动：现代化的诞生　16

四　反现代化　26

五　现代民族国家、现代国家主义与现代化　28

六　德国浪漫思想与文化民族主义　33

七　民族国家、现代化与国家主义的关系　43

八　英、法两国的反现代化思想家（1780—1880）　67

九　斯拉夫主义者　85

十　19世纪末西欧的反现代化思潮　105

十一　欧洲反现代化思想概说　113

十二　亚洲"对西方世界的反抗"　131

十三　印度的批评　139

十四　中国的批评　201

十五　日本的批评　269

十六　非洲及中东的批评　295

十七　当代欧美的批评　299

十八　后现代主义　310

结　论　336

新版后记　352

# 前 言

现代化,作为世界范围内的普遍现象,正在引起人们的广泛注意和讨论,而在以现代化发源地著称的英国、法国却越来越少被人提起。无论从哪个角度分析,人们以往的注意力焦点在于美国、日本以及亚洲的其他一些"经济成长国",然而当前社会主义阵营里所发生的变革却不能不引起人们的关注。

本书是为了对这场从18世纪以来的世界范围内的大变革——所谓的"现代化"——过程中所产生的各国、各地区、各民族的反应做一些分析。这一分析是十分必要的,这是由于:(1)从表面现象上看,现代化的实现过程也是各国、各地区、各民族的传统文化受到冲击和考验的过程,于是每个不同的文化都会做出自己的反应;(2)从本质上分析,所有的国家、地区和民族尽管在思想上对现代化的反应不同,其实质是大同小异的。

本书决意分析这种思想上的反应,是基于这样一种认识,即:多年来,世界上关于现代化问题的讨论众说纷纭,莫衷一是，著书立说者难以数计，但大都忽略了现代化过程中所面临的一个重要问题——世界范围内所共有的在思想上的反应。再者，更多的人愈加强调现代化之在科学技术上和人们物质生活上所带来的积极变化，却忽略了其在思想上所引起的消极反应，而后者的研究却往往比前者更需要被人注意和做深刻探讨。

本书所及，皆在于证明这样一个论点：现代化的过程可分成两个层面——科学技术和文化层面。在文化层面上，自最早西欧的现代化出现以来，不管在哪个时代、什么地方，现代化的过程都受到了批评和攻击，而那些五花八门的批评虽然在表现形式上是不同的，但实质上却大同小异。

在讨论世界范围内在思想上对"现代化过程"的消极反应这一问题之前，先要做如下的几点说明：

第一，现代化过程在不同的时代、社会和文化背景下出现了不同的形式，然而其实质都是相去无几的。其结果，从积极的方面来看，如：理智化、效率化等差不多；而从消极的方面来看，如：对社会的传统礼俗、民族文化的继承等所造成的破坏，也是大同小异的。这里所要强调的是，在表面的歧异之下，各国、各地区、各民族所出现的"现代化过程"都存在着相类似的地方。

第二,这里所说的"现代化",同现代社会中的民族国家之兴起的所谓的"新国家主义"有着不可分割的千丝万缕的联系。

第三,从现象上看,各地区、各种知识分子,由于他们各自的政治立场、社会背景、文化渊源不同,以及各自在不同的哲学基础上立论,因而产生了各种不同的观点和批评方法;然而正如他们论述的是同一个对象——现代化——一样,这些批评和观点都有着很多相类似的地方。比如,西方在对现代化的批评中所采用的二分概念等的分析方法也同样在东方被普遍采用,这正好证明了它并非是为一个社会所特有,而且也不只限于一个国家和地区。

第四,在思想上对现代化过程的反映的共同性,并不抵消"现代化过程"在文化上、政治上和经济上所产生的相异性。当一些非现代化的社会同现代化的社会相对垒时,其互相间的摩擦力也是相当可观的。

第五,现代化到来的必然性,可以从两个方面去观察:

1. 现代化一旦在某一国家或地区出现,其他国家或地区为了生存和自保,必然采用现代化之道。现代化乃是一种理智化和效率化的过程,其效果则见于能有效地动员一个国家和地区的人力物力,并且在国家体制的有效管理下和民族国家的理念之催化下,强化这一国家和地区。换言之,现代化本身具有一种侵略能力,而针对这一侵略力量能做的最有效的自卫,则是以其矛攻其盾,即尽快地实现现代化。

2.现代化在物质生活中所起的成效显而易见、立竿见影,而对整个社会的冲击所造成的隐患,则难以察觉。现代化真正的影响是深刻而长远的,就拿个人的社会生活方面为例,它造成了社会的群体向个体的转变,功利观念的加强以及个人私利的计算,这一倾向在现代化的社会中有增无减,发展趋势难以预测。

再者,个人物质生活水准的提高是一种不可逆的过程,一旦提高水准则如同上瘾,而难以解除欲望,套句中国俗话:"由俭入奢易,由奢入俭难。"

第六,对现代化的发展前景做任何预测都将是徒劳的。因为,不可确定的因素太多;更由于,不管是什么理性的推导,在非理性的核战争中,都没有生存之余地。所以我们只能假定讨论的前提是人类的文明最终不会被核武器一类的事物彻底毁灭。如果人类文明得以永存,现代化过程与反现代化的种种思潮将并存着发展,至于发展到什么程度,我只能做如下的猜测:

让我借用英国20世纪小说家阿道斯·赫胥黎(Aldous Huxley)的反面乌托邦小说《美丽新世界》(*Brave New*

World）中所描绘的景象和其他人所描绘的图像——这些图像中都有一个共同点——在未来社会中，技术上所能满足人们欲望的范围日益扩大，并且进而能满足人们种种非物质的要求，如宗教性的、情感性的。在生物工程学改变人类的基因与生理存在之前，其他的科技已能改变人类的"人性"存在。

如果事情果真这样，我希望在我的有生之年这一切不要到来，因为那种所谓的新"人性"是无法与我的血肉之躯相容的，就好像当家庭生活的需要变得由"家庭业"来代办时，我觉得人活在世上还不如不活。

传统与现代化是水火不相容的，前者代表着人性，而后者代表着非人性。现代化与反现代化思潮间的冲突正好代表着人性与非人性的冲突，不易消解。近两百年来的文学艺术和哲学上的各种思潮，多多少少带有这种冲突的表象。

本书由于想用一个不同的架构来考察世界范围内持续的现代化与反现代化思潮，不可避免地所用的词义范畴与习惯上的用法是很不相同的，因而也造成了传达上一定的困难。不过，我相信一切不够清楚的地方都是我的责任，如不是我想得不清楚，就是我说得不清楚，希望大家指正，也希望大家批评。

最后，应说明我所谓的中国文化守成论这个概念。此词英文称为 Cultural Conservative；Conservative 习惯上译为"保守主义"，通常都有很重的政治含义与价值指向，和我希望指出的文化现象有出入；特别是民初的反现代化思想，其不但不保守，进取的精神反而很明显。是故我想到孙逸仙博士的名训"守成不易，创业维艰"，在这些思想家的情怀中，面对艰困的创业，一再提示国人守成的意义与不易，也是很自然的吧！

民初时代思想史上的一个最重要事件可以说是：对传统中国文化的全盘批评和攻击，同时提倡更深也更广地引进西方文化。这个立场和《新青年》杂志的一群知识分子之与五四运动是一致的，代表人物是陈独秀（1879—1942）和胡适（1891—1962）。同时，这样的立场也和新的群众爱国运动及反对帝国主义思潮紧密相关。

在差不多同时期，和反传统主义相对立的思潮也出现了——面对日益增强的西化力所产生的文化守成反应。主张复苏传统文化的一些方面，同时坚信中国文化不但和西方文化相当，甚至还要优越。这个立场以《学衡》杂志的撰稿人如梅光迪及梁启超（其晚年）、梁漱溟、辜鸿铭、林纾等人为代表。他们的看法可称为中国的"排西派"，在对西方文化进行批评的同时也界定中国文化。如我在其他地方曾经一再提起过的[1]，我把这种反应称作"反现代化"。所有这些人物都批评现代化过程及其结局是对人类诸般价值的残害，他们提倡融合的中西文化，指出未来的世界文化——或最起码将来的中国文化，会是一种中西文化的结合体。我把这种立论，称作"文化守成主义论"。其他民初的知识分子如蔡元培，虽然不属于这一派，但他也站在类似的立场。

本书的目的不在于探讨东西文化论争的种种特质，也不是单纯地对文化守成主义的反应本身进行研究。本书试图把这个现象抽样扩大到世界范围的背景上，来了解这个论调的真正性质。要掌握其真切的历史蕴含，只有把它和世界上其他类似的"反现代化"反应加以综合比较。也只有把它和其他国家的其他反应加以对照，我们才能认识到中国在哪些方面具有其独特性。

---

[1] Guy Alitto, *The Last Confucian:Liang Shuming and the Chinese Dilemma of Modernity* (Berkeley, California, 1979).

# 一　现代化的定义

在对世界性的现代化进行批评描述和分析之前，逻辑上首先需要将批评对象主体——世界性现代化现象——做些解释和界定。"现代化"这个名词作为学术探讨的用语，还是最近的事；总之在"二战"后，这个词才开始在西方通行起来。它的用法通常都是"正面的"，指的是"好的"东西。批评"现代化"的几乎从来不用这个词作为他们攻击的对象。

我们需要的定义得满足两个条件：（一）提供一个能测量现代化程度的尺度。（二）提供一个有解释力的定义，使所有进行现代化的社会中对必定要发生的社会、政治、心理等变化能够得到相当的了解。

在进行讨论现代化既存的种种定义之前，我们先得留意论及现代化的各种历史性解释所具有的共同点。下列几点几乎是所有学者都同意的：

（1）现代化的过程首先在欧洲——特别是西欧——发生。

（2）这个过程和其结果可以和所有社会过去既有的性质相区别，和"传统"鲜明对照，也就是"传统"有其作为和"现代"相对立（antithetical）的性质。

（3）现代化的发展和西方传统本身所含的一些因素有因果关系；是故，这个过程可回溯到西方所独有的文化与传统。现代社会学创始者韦伯（Max Weber，1864—1920）的一生事业可以说都在于辨明那些方面。

（4）要辨明西方传统中的哪些方面与现代化有关是很困难的。例如韦伯，他将"现代化"（他称之为"资本主义"）溯源于"新教伦理"[1]；其他人溯源于17世纪的"科学革

---

[1] 韦伯认为资本主义是在不同时代、不同地区、不同历史发展而来，在交易关系中相互结合的营利企业之体系。但现代成熟的资本主义与资本主义一般相区分之处，则在于其"理智"的特质及对劳动的"理智化"组织。他辩称成熟的资本主义之兴起，受了基督教新教派（以下简称"新教"）——特别是加尔文派——伦理兴起的影响。他的名著，《新教伦理与资本主义精神》（*The Protestant Ethnic and the Spirit of Capitalism*）最早面世时是作为 *Gesammelte Aufsatze zur Religionssoziologie*（Tubingen;1920—1921）一书的第一卷第一部分。韦伯基于现代德国新教盛行地区较天主教地区富裕的这个观察，找寻成熟的资本主义与新教之间的关系。他认定现代资本主义的出现不仅由其内在的经济决定，且为另一发展势力——新教的宗教伦理——所推动。在比较的用语上，他把现代资本主义"精神"与新教"精神"相提并论，声称成熟的资本主义并非建基于单纯的需索欲求，而是"理智化"的活动，强调秩序、训练及组织的阶层性，他强调是这些方面的成功，而不是经济成功可以购得的种种快乐。

命"，有的特别点明始于牛顿派物理学；有的回溯得更早，到文艺复兴时代。

事实上，不管在西方历史的哪一点上去找现代化之源都没有差别，因为每个假定的源头在逻辑上都是肇基于早先的发展，是故，也就可以回到西方文明的"古典"时期——古希腊。没有牛顿物理和资本主义的发展就不能有工业革命；不先有新教就不能有资本主义；而没有旧教（天主教）或文艺复兴就不会有新教；没有古罗马和古希腊又哪儿来的文艺复兴呢？职是之故，根本的起源只好到古希腊和古罗马文明中去找，理由是：在那两个历史时期，"西方"和"非西方"文明已经有了差异。

（5）在这些历史性的解释里，"现代化爆炸"（不管怎么界定它）的最终原因和其中包含的因果性要素都从来没有清楚辨明过。因为，尽管从西方所经验的某些方面（宗教、思想、经济发展、政治发展等）人们可以追溯出许多互相关联的原因，要把复杂的历史诸因子梳理开，再彼此联系起来以解释现代化，欲使人满意是不可能的。

我认为现代化是各种因素的连接，而巧合在一个时间点上。好比说，没有牛顿力学的革命和资本主义的兴起，工业革命就不可能发生；反言之，如果不是有15、16世纪的探险时代及欧洲的扩张，加上文艺复兴时代与君主集权出现时的古典学复兴，这些也都不可能发生。过去两百多年来许多应用历史的社会科学（包括新近的分科如社会学、人类学、政治学等）实际都持续了辨明欧洲现代转变终极原因问题的讨论。可是，要抓住现代化的精义，他们是远不足以叫人满意的。过去30年来很多学者把重点专注于离析西方（西欧和美国）政治、经济、社会、教育及其他领域发展的特殊性和现代化的"精髓"或"通则"。

韦伯的分析本身即可成为一例：新教伦理显然是不必要的——最起码，就其在西欧所呈现的特殊形式而言——因为，到1900年，日本验诸多重标准都无疑是个现代化国家，然而不但日本传统宗教伦理和基督教毫无相似之处，在日本的例子里任何"新教式"的运动都不存在。不过，我们需要指出，日本的现代化（无论"二战"前或后）是建立在许多实际的西欧特殊模式之上的；包括了将西欧文化中分歧的因子——衣饰、家具、音乐、文学、社会习惯、工厂生产以至于经营技术等，加以整合。

资本主义，虽说在日本这个例子上是一项明显的要素，它的发展也和西欧所采取的模式不一样。至于在俄国，现代化发生在一个极端反资本主义的政权成立之后，其现代化是完全没有资本主义的。虽然，从彼得大帝以来，俄国已经有相当程度的现代化了。

## 二 作为解释性用词的"现代化"

造成欧洲转型的西方文化积极要素和原因的确实性质，不能叫人满意地加以辨明；因而，我们便还有相当的余地对现代化的根本原则和西方经验的整体加以分离，但是所遭遇的困难还是同样的。直到"二战"及其后诸般社会科学的进展中，描绘"非西方社会"具有与"西方社会"相近似的转型，最通用的词是"西化"。虽然无可争议的，许多这些非西方社会的转型直接以西方的模式为复制的原件，这个名词是彻头彻尾的"同义反复"。好比说，如果我们指的是英法两个国家在18世纪产生的变化，我们就不能讲英国或法国"西化"了。另外一个"二战"前适用甚广，迄今仍相当重要的用以描述"非西方地区"的这种转变的名词就是"工业化"，这个词如果是意指在社会、思想、道德领域等方面由工业化引起的各种不可避免的后果的话，它最起码可用来将转型的原则和西方的整体经验加以离析。虽然如此，这个词先天上特别着重在经济和技术学的层面上，是故，不能表达这种转型过程的高度复杂和广泛的特点。

这个词之所以被人使用，显示了直到今日研究这过程的困难。许多"现代化"的定义都被局限在整个过程中的某一个特定方面。政治学家习于专注在社会和政治变迁；而经济学家则纯就技术学在经济方面来加以界定。

理想的定义应该是全面性的：包含技术、经济、社会、政治、思想、道德和"文化"中所能包括的其他方面。同时，这个定义应尽可能和西方经验的特殊面相隔离，也就是说，不能是带有"文化界际色彩"的。它应当尽可能对这种转型过程中纯粹负面的、破坏性的方面加以解释，并对正面的结果提供说明。本书的后半部将阐明：不管在西方或非西方，对这个过程持有批评态度者，无论其政治立场是左、是右，抑或为自由派，在他们的批评中都倾向于专注在同样的一些负面的现象上。

我本人对于这个过程——现代化——所下的定义应能符合上项要求。我的定义建立在两个关键性的概念上："擅理智"（rationalization）和"役自然"（world mastery）（对环境的控制）。"擅理智"在这里的意义最接近于"科学的"及"合理可用"。在这一意义上，理性认知是一种——假设能由一个理论上无所不知的科学观察者加以观察——不违背任何科学法则的知识。也就是说，它和最科学的思考相合一致。"理智"指的是为达到实际目标而进行的对最有效

## 二 作为解释性用词的"现代化"

手段的选择。"擅理智"是指一个过程,在其间,一个结构或过程变向运用最有效的手段达到经验性的目标。"役自然"是指对自然的征服和控制。"现代化"由是可界定为:"一个范围及于社会、经济、政治的过程,其组织与制度的全体朝向以役使自然为目标的系统化的理智运用过程。"征服自然本身并不一定是达到人类道德性目标的手段。而我这个定义与人类最终诸种价值(人性的目标)也是不相关联的。"擅理智"和"役自然"都是"手段"。实际上,现代化对任何事物唯一的价值标准就是"效率"。也就是说,任何社会政治、经济的过程,其制度与组织及理智的创造等的"好"还是"坏",其终究价值在于其"擅理智"的功利性和效率。历史产生的各种制度、组织等——也就是"传统的"——相对于近两百年来人类对环境空前的控制,为了迎合快速改变的需要,所谓"传统"如果不是被理智化了就是被淘汰了。

虽说这个定义是不拘于某一文化的——由于它基于完全客观、普遍及可以用经验验证的尺度——它着重的还是过程,而非这个过程所达到的程度。有没有什么绝对的尺度来衡量人类控制自然的程度呢?我们把"非动物性能源与动物性能源的使用比例"当作一个衡量的标准,应该是可以接受的。

# 三 启蒙运动：现代化的诞生

我的论旨建立在这么一个预设之上：单纯经济因素本身不是造成社会变迁的充分原因。也就是说：特定的经济条件并不保证现代化的出现；最起码，属于人们内在世界的因素——人们的思想世界——是另外一个必要的条件。换言之，人们必须要有一种特殊的机动力量，一种心理，愿意接受有利于现代化改变的各种价值和主意。是故，我认为现代化的根源肇始于"启蒙运动"。"启蒙运动"，是18世纪前后出现的一个西欧思想界改变的复合体。我特别指出英、法两国是启蒙的地理核心，而意大利、德国则基本上是它的衍生区。那是一个"时代精神"（Zeitgeist）的改变，成为一个运动，而造成高度融贯的思潮。作为一个文化分期，比起其他的任何时期，它对早期理论思考的牵涉甚至依赖是最深的。"启蒙时代"或者叫"理性（reason）时代"，这两个词习惯上可以通用；也恰恰是由于"纯粹理性"这个概念才为长远的变迁奠下了根基。任何事物判断的最终尺度就是"理性"。对启蒙时代的人，理性是经过

三 启蒙运动：现代化的诞生

科学与逻辑训练而后形成的一种精微的常识，对全体人类的作用和其他的各种生理功能并无二致。但是，由于某些隐秘的（或环境的）因素，启蒙人士认为18世纪的西方败坏了大部分人类本能的"理性"功能的作用。是故，所有的历史制度——特别是宗教和教会——正是这种败坏的产品。就启蒙人而言，历史遗留的文化——教会、国家、社会与经济阶级、迷信、无知、偏见、贫穷和邪淫——似乎都一起作用着来阻碍理性功能的正常运作。根本的最大罪恶来自于宗教的超自然和出世，置信仰与神高于人类之上。18世纪末，理性在大部分知识分子中已经取代了上帝的位置。无可讳言地，法国大革命将这个事实活生生地表达了出来，"理性的圣坛"遍立各地。理性的优先主导性的引申之一产生了一种含糊却广泛存在的对"进步"的设定。一般的知识分子认定进步之为物，无非日益有效地运用理性，以控制自然与文化的环境。这是一种以牛顿物理的基本定理为模型的世界观。换句话说，启蒙运动欢呼理性之从宗教信仰解放出来，声称建基于经验性观察的自然科学方法是知识唯一可靠的方法。是以，启蒙时代由于其对神示权威、圣经和任何其他非理性、超现世根源的知识加以拒斥，宗教再也不能在人类的理性上立基。科学与宗教于焉定位于永远相对立的关系上；宗教本身遂被迫变为情绪、直觉、

17

神秘性或干脆无理性地诉诸虔诚作为其支撑力量。

理性于是乎也被认为是控制文化环境的方式之一。法国进步思想的中心旨意就立基在：相信在任何时间、地点，人性基本上是一样的。人类之作为一个共同种属的、永恒的核心条件，使得历史或地理上产生的差异因而失去其重要性。因此，对古代宗教、其他文化与风俗的研究重新兴起时，有如牛顿之于物理世界，其目的在于发现全体人类宗教、道德、历史、社会背后的理性原则。这样的研究同时可有助于整个的启蒙事业之对抗非理性对象——诊断那些非理性的根源。

他们的预设认为不管何处人类的目标都是一样的，正和人性一样。他们对不同时空变异巨大的道德系统与社会规范暗地进行研究，目的在于将它们予以"相对化"，也就是说，如果任何系统规范都基于普遍共同的人性，它们也都同样有效，或者说就纯理性主义的标准而言同样有效。所有非现实的种种价值都是人类理性败坏的表现。

理所当然地，全部人类唯一真正普遍共有的价值观都是纯功利性的——食物、居住、物欲的满足、财富与权力。

从启蒙思潮的诸预设，逻辑地引出关于人类本性的道德体系是功利主义——此点当然值得商榷——于焉，判断行为道德性的程度是以功利的标准为尺度的。主要在英国，

三 启蒙运动：现代化的诞生

从而发展出了一套正式理论。功利主义者其概念的核心认为，人性最终取决于两种力量：苦与乐。人类行动的终极动机可溯源于好逸恶劳的需要，因此，一个物件与行动的功利性即其产生逸乐与防止劳苦的趋向。这个标准同时适用于个人和社会。在一定的程度上说，功利主义是启蒙思潮得以建立的唯一道德系统。因为，它建基在那不可置疑的唯一普遍性标准之上，不会被批评的理性主义加以"相对化"。其道德性要求的"应该"和人类生理的机械性相一致。"两个主宰的因子：苦与乐……不但指出我们所当为，也指出我们所不得不为"，就是边沁（Bentham）总结其道德律与启蒙的人性观的名句。"最大多数人的最大快乐"成为科学操纵人类自私与无餍贪婪的唯一标准。由是可见，启蒙运动不但改变了欧洲的世界观，由于其本身即包含了"道德真空"的基因，遂为日后"价值失落""没有目的"与"无意义的世界"播下了种子。

启蒙思潮世界观的改变和英、法经济与技术"起飞"的关系到底如何，这是一个极困难的问题，本书不拟进行讨论。不过，可以说"进步"是一个大家都有的预设；而"科学"显然被视为累积的和进步的，是为一个重要因素。一个存在于人心而被道德戒律束缚的个人物质私利的恶魔至此得以解放，加上17世纪以来科学发现的实际应用，引发了资本主义和现代工业；这些个现象回过头来加速了控制自然的各种力量的进一步扩充。新技术、新工具、新组织形态的应用加上新近成为主要目标的"效率"性，增加了农产量。这些个因素也引发了新的工业生产形态——从手工制造业（manufacture）变到机械制造业（machinefacture）。竞争，尤其是日增的分工（最主要的就是理智化）更进一步增强了这个过程。工艺技术和生产形态的变迁影响了传统阶级和社会结构。它结合了新近出现的经济组织形式，启动了技术进步与经济成长的循环，持续至于今日，"现代化"就诞生了。

另外一个描述启蒙运动完全不同的办法就是运用"文化"这个概念。——启蒙运动是相伴着"中产阶级功利文化"出现的。随着18世纪中产阶级影响力的增长，功利成了权衡社会价值的标准——在此，所谓功利主义，我指的不是正式的哲学派别，而是中产阶级一般含义的主导性价值复合体。

中产阶级生活在"基督教"文化及其封建秩序之外，他们在其间并无稳定和荣耀的地位，他们毫不显赫，社会地位等于零。就作为主宰的封建文化的观点而言，中产阶级是什么并无重要性；重要的是他们干的是什么，也就是专指他们提供的功能和劳务。然而终于有一日，中产阶级以其本身的功用性自重，开始用他们的功用性来衡量社会的其他各阶层。最后，中产阶级的这种功利标准也被其他的集团所接受了。

这个中产阶级功利标准是通过与封建规范及封建性贵族特权相对抗的争斗过程而建立的，在封建制度下人们的权利受制于也源于他们的出身、阶级和民族。也就是说，取决于他们是谁，不是他们干什么。新的中产阶级崇尚个人才能、技艺和勤勉，以及由这些因素所导致的个人成就。这样的标准意味着报酬应与个人的工作和贡献成正比。

在功利主义普遍扩张（以功利的标准判断全人类）的同时，它也将个人"非个人化"（depersonalized）了。因为，将公众利益集中在个体的功用性上，也就是只专注在他和其他人的比较性（较高或较低的功用程度）上，而不注意他个人特性的特殊意义。所以说，这个文化既是个体的又是非个人的；实际上，把人变成了物。中产阶级功利主义把人和其他物体看作具有一样的性质；他们全都可以一并以其有用程度和被使用后的成果来加以判断。

功利主义文化根源于诉诸市场以获得财货及劳务的经验。从有用程度的观念判断一个人或一个行动也就是判断其成效。市场经济中产生的功用性必须事先详细计算，而只有在其真正结果出现时才能作数。

所以，功利主义文化和基督教精神就发生了冲突；后者是一种"意图的道德观"，以人们向既定道德标准相合的意图判断人和行为。理性一旦成了准则，基督教伦理遂病入膏肓而长眠不起了。

既然功用性是以行动的结果来判断，有用与否也就成了相对于时间和空间而有所不同的偶发事物。尤有进者，一物之所以有用必和他物——某一个具有功利性的目的——相连接。可是，启蒙时代对全人类各种道德标准的探讨却使所有的目的都成了相对性的东西。任何一个单一道德或原则如果不是被某些社会在一时一地加以轻忽，就是加以指斥的。是以，可以作为标准的，不是什么超越个人的尺度，而是人们自己和他的"人性"。也就是说，所有事物之所以有用皆因与人相关，与其喜好和利益相关。事物本身是无所谓好坏的。

由于功利主义文化强调成果的评价，其注意力的中心立场即自然而逻辑地从道德转向了认知判断。至于某一个行动是否本质地是"对"的，也就无关宏旨了；反而，重要的工作在于评估行动的结果，决定什么是或会是要产生的结果。

鉴于所有这些理由，功利主义有一种先天的局限道德格局并有强调纯认知判断的趋向。事实与价值由是彻底分离。所以，中产阶级功利文化天然地倾向于道德破产与"失范"（anomie）的倾向。要以结果来判断行动的这种说法本身并未指出应怎么来评估那些结果，因此，在注意行动的结果之时，这样的做法，其对结果本身如何加以判断的标准，他们是不予关注的。所以说，理性主义的"效率"和"功用性"的标准也就必须假定在一定的目标或结果之上；然而，实际上，这些个目标、结果，除了普通人性的食欲和其他欲望外又并不存在。对于终极目标的选取成为纯个人的事，因此功利主义认为只有个体才是他自身利益和目的的判断者。

从历史衍生出来的种种价值，只被当作一种装饰品；善良、斯文、忠诚、爱、感激等，对日常工作和公众生活而言都是无关宏旨的。现在，一个人的工作做得多好才是重要的，而也只有就其所做的工作而言，他的存在才是算数的，除了实用之外的其他价值变得可有可无，个人德行和罪过也只是身外之物了。

对启蒙运动转变的这个解释可用来显示它是如何逻辑地导向道德破产；我愿进一步强调这个革命性的新文化、新经济与技术成长有其必然性的联系。

然而，自18世纪以来，现代化及其在各个领域内的效应都引发了欧美无数反面性的批评；布尔乔亚功利文化——尤甚于封建基督教文化——似乎在其本身即蕴含了对抗性的因子。此外，我再介绍另一种对启蒙运动的解释，进一步加以说明：法国学者保罗·阿扎尔（Paul Hazard，1878—1944）在他 1935 年出版的《欧洲思想的危机》(*La Crise de la Consience Européene*) 一书中谈到"欧洲的文化意识"对其自身永远感到不满——另一个描绘西方精神之"永恒的不安"的名词是"浮士德式"的——它一直在追求两个相矛盾的目标：一个是"真理"，另一个是"快乐"；这种文化意识的作用现象正如珀涅罗珀（Penelope）[1]周而复始地在夜里松解她在日间所做的编织物。阿扎尔的目的在于显示在 1680 年到 1715 年间，欧洲文化意识上持久且重大的转变。欧洲人的思考从文艺复兴的小心翼翼开始，转向运用批判、理性思考的新尺度，对久远的偏见与成见进行了决绝的修改。这引起了种种猛烈的观念性冲突，而现代的

---

[1] 在荷马的史诗《奥德赛》中，珀涅罗珀是奥德修斯忠贞的妻子，后者在特洛伊被捉，以他回归故国伊塔卡的十年之旅为诗中的主题。十年中珀涅罗珀苦于受到一群傲慢男性的追求，迫她在他们间择一而嫁——他们以为奥德修斯已经死了——珀涅罗珀同意在她织完她的绣帷后就做决定，为了一再拖延时间，便在夜里解开她日间所织，日复一日，直至奥德修斯归来。

理念最终得到胜利。虽然阿扎尔并未特别指出，他却暗示了浮士德精神的二重性导致了不断地追求和不满——这和快乐与满足本质上是矛盾的——也造成了（持续到今天的）不断加强理智化的过程，而另一方又恰恰促使了对理智化种种成果的不断批评。

## 四 反现代化

和阿扎尔所描写的意识变化发生的同时,一个相对立的思潮出现了——虽然说对立,它也是从启蒙的诸预设出发的。如果说启蒙运动是"现代化"的诞生,这个相对立的意识就必须名之为"反现代化"了。正如现代化一样,这也是一个空前的"现代"现象。这个思潮的最早迹象可见于一批比其同侪们更早一些具有"社会"或"社会学"意识的启蒙学者。因此,这个早期的倾向成了日后针对启蒙思潮的某些基本原则进行历史主义或相对主义批判的基础。在一定的意义上,这些学者是启蒙运动中开始对古代宗教、其他文化与风习做研究的人。这个启蒙的作业,旨在建立——有如新近在物理学上的发现——一个普遍规律。也恰恰由于这样的作业,在一个世纪后产生了实证主义与马克思主义的理论。和这样的潮流相颉颃的两个最早的学者是让·博丹(Jean Bodin,1530—1596)和孟德斯鸠(1689—1755)。运用了历史上的,以及17、18世纪以来在新发现地区探险和旅行时所收集到的种种证据,他们强调

## 四 反现代化

人类风习的多样性，特别是不同自然条件（尤其是地理的）对不同人类社会所发展出来的影响；这些因子造成种种制度、世界观、思潮上的不同；这些不同又如何产生信仰和行为上的差异。在这个较早的时期，不管这类作家的思想中相对性的观念有多深，就他们关于人类价值或对社会事实的解释而言，他们和启蒙思潮始终维持着一个共同的基底，认为全体人类在任何时代其终极目标——在实际上——是一致的；每个人都在追求基本生理、物理性需要的满足——如食、住、安全、生育等。冷暖不同的气候，高山平地区域，其方式皆有所不同，任何一个固定公式都难免造成削足适履的结果，虽然如此，它们的终极目标基本上是类似的。

从这个倾向出发遂产生了认为各个文化是个体的且独特的这个看法。它们各自表达其集体经验，全都是人类自我表达的同样真切而有效的工具。这个立场否认了启蒙教义中无时间性的普遍法则，即任何时间、地点，任何人在原则上可以了解的真理。绝对的普遍模式是没有的。这个趋势，我称它为"反现代化"，是在腐蚀性的启蒙理性主义的猛烈进攻下，针对历史衍生的诸般文化与道德价值所做的意识性防卫。

现在我们考察现代化与现代世界其他种种空前的势力之间的关系。

## 五 现代民族国家、现代国家主义与现代化

启蒙运动和现代化产生于世界的两个最早的民族国家——英国和法国,反现代化的批评却在德国首先以全盛之姿出现。在当时的印象中,德国在地理上处于英、法之东,故认为英、法的现代化,对德国是一种"东西文化"冲突——早期的德国批判预示了日后很多的其他非欧洲批判所具有的主要特征。事实上,许多亚洲反现代化批评就直接引自德国的反现代化批评(与所谓德国浪漫主义大致吻合)。我想这是因为在18世纪末,像亚洲和非洲一样,德国并非民族国家;在经济、社会、军事等方面,法国比德国要现代化得多。18世纪末19世纪初,法国与德国最大的一邦普鲁士及德国(或精确地说日耳曼诸邦)的关系,和同时期西方强权与非西方国家的关系恰恰是平行的。

文化上,18世纪的大部分时间里,法国居于宗主地位。18世纪末,法国具有压倒性的军事强权,实际上在横扫全欧的过程中,决定性地打败了普鲁士,把这个平行关系再度尖锐化。法国,加上英国,是当时最先现代化的民族国

## 五 现代民族国家、现代国家主义与现代化

家,也是最早现代化的帝国主义强权;而日耳曼诸邦,相对而言则是比较传统、"落后"和未开发的。

法国"国内"强大的原因之一是因为它的政治现代化——建立了现代民族国家。在这个意义上,民族国家既是启蒙的产物,也是"朝向以征服自然为目标的,对社会、经济诸过程和组织进行理智化"的过程的一部分。

如果没有现代国家主义,则现代民族国家——它具备理智化的管理技术和受过训练的官僚——是无由衍生的。16世纪,绝对君权王国的出现是现代民族国家衍生的先决条件,但当时的君主并未有意地创造任何有如现代疆域国家一类的东西。他们的动机无非是王朝集权的野心:建立一家的荣耀与权力并力加维持。"国家"(state,stato)这个词本身是马基雅维利(Nicolo Macchiavelli,1469—1527)在其名著《君主论》(*Il Principe*)中首先使用的;但是它的焦点却不过是佛罗伦萨一个城邦,而不是整个意大利。旧式"国"的现代化可视为国家主义之兴起刺激的结果。

国家主义是什么呢?这要把它和民族国家之兴起在分析时分开来谈。我们必须说现代国家主义是一种思考状态:就是认为个人必须向民族国家效忠。在现代化之前的历史时期,个人对其乡土、地方传承、既存地域性权威力量等的依赖早已存在。然而,一直到了18世纪末,作为这

个词的现代含义的"国家主义",才渐成为塑造个人公私生活的公认情愫。只有到了19世纪,才产生每个民族应建一个与此民族分布相一致的国家这种要求——在19世纪的大部分时间里,这个要求事实上也只限于西欧世界而已。在18世纪前,整个世界,一般人要效忠的不是国家,而是各种不同的政治组织、社会权威和义理结社,如氏族、家庭、宗族、教会、城邦、封建主,及其他集团——这些集团严格地说常常不是"政治性"的。

18世纪末,英国和法国——经由不同的途径——变成了现代民族国家。它们有效率地组织了军事力量,较好地发展了经济,科技方面也较进步。职是之故,东欧向法国启蒙运动进行了重要的意识性引进——用中文的术语可说是第一个"自强运动"——两个最重要的例子就是东欧普鲁士的腓特烈大帝和俄国彼得大帝的文化引借。这两个"西化"运动的动机都在于增强"国力",这两个运动的结果则为现代德国和俄国民族国家的创建。

著名的美籍中国史家列文森(Joseph Levenson,1920—1979)的所有著述都建基于这样一种认识上:中国19世纪以来向西方做文化引借在中国知识分子心中产生了解决不了的心理压力。中国知识分子被迫承认并强烈诱使人们放弃中国过去的客观历史环境,也就是说中华民族必须大

## 五 现代民族国家、现代国家主义与现代化

量引借西方的文化成品——现代化——这是由于其本身的贫与弱及无力于抵御西方的侵略之故。列文森认为这种使中华民族由弱变强的认识和欲望，与对中国传统文化诸价值——作为自我认同的保证之唯一根源——残余的效忠间存在着恒常有害的紧张状态[1]。毋庸讳言，这种紧张的确存在于中国，然而由常识可知，这样的紧张在以国势伸张为目的而向外做大量引借的情况下，照例都是不可避免的。妙的是列文森以其古怪的文体写了三本书和大量论文一再阐述这个褊狭的看法，而大部分有素养的读者却未能立即认清这个事实：列文森说的重点实在不多。德国浪漫派文化民族主义和欧洲及非西方地区的文化民族主义义理也都可归咎到这么一种紧张。

德国浪漫主义及启蒙者将启蒙时代早期的社会学倾向思想家——如孟德斯鸠——所代表的倾向加以衍伸，从而创立了他们文化民族主义的义理。事实上，他们非意识性

---

[1] 列文森称这种压力乃介于"历史"（指的是对一己过往与其民族特性的情绪性依赖）和"价值"（指的是对可采诸道的纯"理智"选择）两者之间的紧张，他首先在 *Liang Ch'i-ch'ao and the Mind of Modern China*（Cambridge, Mass., 1953）一书中表示了这个意见；他后期的著作仍基于同一观念，例如其三部曲 *Confucian China and Its Modern Fate,* 3 volumes（Berkeley, 1958—1965）就是例子。

地为日后的文化人类学、历史语言学、美学、法理学、神话学等打下了基础。也就恰是他们首先发展出了"文化"这个观念,用来指明人们生活方式主观的独特性质。这个观念进一步发展而成为对某些类型文化引借的有系统的批判。他们为反现代化的批评建立了自己的词汇。

# 六 德国浪漫思想与文化民族主义

由于篇幅的限制，本节只讨论四位主要的德国浪漫主义思想家，他们的思想可说是针对启蒙做反现代化批评的起始。四位是哈曼（Johann George Hamann,1730—1788）[1]，谢林（Frederich von Schelling,1775—1854）[2]，赫德（J. G. von Herder,1744—1803）[3] 和莫泽（Justus Möser,1720—1794）。[4] 他们和其他同时期或稍早的思想家

---

[1] 哈曼最单纯的著作——包括其1758年精神危机的反省——并非为出版而写，如 *Biblische Betrachtungen*(Biblical Meditations),*Gedanken Ubermeinen Lebenslauf* (Thoughts on the course of my life) and *Broken* (Fragments)。他大部分著作都很短，有6卷在维也纳出版，由 Josef Nadler 集成，名叫 *Werde*,1949—1957。

[2] 谢林的著作集在他死后立即出版了14卷，他大部分重要作品皆有英译，如 *The Ages of the World* 一书即由 F. de Wolfe Bolman(New York,1942) 印出 (*Ubes die Bottheiten von Samothrake*)。

[3] 对赫德思想最完备的讨论是 R. T. Clark, *Herder:His Life and Thought* (Berkeley,1955)。另外短而精彩的讨论是 Alexander Gillies, *Herder* (Oxford,1945)。

[4] 莫泽最重要的著作是地方史 *Osnabruckische Geschichte* (History of Osnabruch,1768)。在这部历史中他公然颂扬中古，在一个小区域单位的历史中，他见出互相作用以产生一个政治与文化系统（转下页）

如歌德（Goethe）等创建了德国浪漫主义运动，也直接地影响了英、法浪漫运动的形成。

## （一）哈曼

18世纪中叶，普鲁士的腓特烈大帝——一个启蒙运动的热诚追随者——开始向国内引介法国文化和一定程度的社会、经济与军事组织与运作的现代化。哈曼与赫德都来自比较"后进"的东普鲁士地区，这点对了解他们的思想具有相当的重要性。因为他们所对抗的恰是他们所属社会的"现代化"。哈曼开始是一个启蒙的追随者，但在经验了一场深刻的精神危机后，他变成了反对派。启蒙思想家尝试将他们的哲学建立在无可否认的理性真理之上而大谈"纯理性"，对哈曼而言，不过是一种"理想派的虚矫"。他认为所有的真理都是殊相，从来不是共相。他觉得要呈示任何事物的存在，理性有其重要性，不过它只是为了将资料排成一个模式和作为便于分类的工具，与现实的存在并不相应。他很欣赏英国启蒙时代的怀疑论者休谟（David

---

（接上页）的一些因子；他也是"国民精神"这个概念的推广者。

Hume），同时坚称所有的知识与信仰最后建基于对直接感受的基料的熟悉上。——至于这方面，可说在反现代化思想家中间是很普遍的现象，他们用西方的思想攻击西方；同样地，哈曼用一个启蒙思想家的想法来攻击启蒙运动。哈曼认为信仰的（包括宗教信仰）基料所需证据非常少，正如味觉和其他感官一样。知识是个人这个实体的直接感受；而理智化的概念——不管它有多么特定——就个人经验的完整性而言是完全不够的。他承认物理科学在实际应用上可能有用；可是种种概念的串联永远不能让人了解一种人类或文化的"精髓要义"。

## （二）谢林

谢林的思想视宇宙为一非理性、基原力的自我发展，要了解它只能靠"直观"的力量。他的中心思想认为现实是不停流转中的浑然整体，是故用科学的、静态而特殊的种种辞藻加以分析，恰足使这些说辞弄成"隐喻"而讹误了现实的真相。他那反理性主义、有机论、生机说和超越理想主义的哲学是整个19世纪全欧浪漫派语言的一个组成部分。

## (三) 赫德

在赫德的思想中,德国对启蒙运动进行反理性主义批评的思潮和"文化民族主义"(Cultural Nationalism)开始了一种潜在性的结合。要是他活得长些,能亲见法国对他祖国进行的侵略的话,这种潜在性说不定在赫德本人思想上就体现出来了。可是不论怎么说,在德国内外,赫德的思想都可以说是"文化民族主义"直接的启迪者。和其他同时代的浪漫派一样,他拒斥任何进步的绝对尺度,主张没有任何文化是另一个文化的工具。他说:每一件人类的成就及每个人类社会都应以其本身"内在"的标准加以评断。他的那种相对主义热衷于每个文化的"精髓"和"情致",事实上导致了其后德国思想界对内在的"文化"(culture)和外在的"文明"(civilization)两种概念的分立。[1]

---

[1] 19世纪中"文明"与"文化"二词在不同语文上的用法常使人有混淆之感,然一般言之,其尖锐的对立意味在日耳曼思想中——或受其影响的思想中——至为明显。美国社会学家麦克依沃即将"文明"等同于手段,"文化"等同于"目的"。

"手段与目的,生活的装置与生命的表现之间的对比;前者叫文明,后者为文化。因此,文明也者,吾人意味着人类为控制生活条件而做的努力中所设立的种种机制与组织;另一方面,文化则为在吾人生活与思考方式中,在日常的交往中,在艺术、文学、宗教、消遣及娱乐中所表现的吾人的本性。文化的领域是价值、格调、(转下页)

六　德国浪漫思想与文化民族主义

在赫德的思想上我们首次遇到了几乎所有文化民族主义义理——无论东方或西方——所共有的中心概念："国民精神"（Spirit of the people），德文为"Volkgeist"[1]。根据赫德的观点，国籍是人类种属最自然的历史划分形式。不同种族首先由于地理与气候的特点开始分化，其后各自建立

---

（接上页）情操、理智探险的领域；因此，文化是文明的相对物。"（R. M. MacIver, *Society, Its Structure and Changes*, New York, 1931, p.226）麦克依沃的这个区分是根据 Alfred Weber（Max Weber 之兄弟）*Prinzipielles zur Kultursoziologie*（1920）一书；是书定义文明为理智与实用的知识及控制自然诸般技术手段的集合；文化则包含了规范原则与理念的诸价值型构，是历史的独特存在。

日耳曼对此二词的分辨始于19世纪前半叶，其时，区分的方式却恰相反：文明为内在因子，文化则为外在。Wilhelm von Humboldt 1836 年认定文化乃用科学与"技艺"（Kunst）——实用技艺，意即技术学——以控制自然；而文明则定义为社会对人类基本欲求的控制。Albert G. Schaffle（1831—1903）在其主要著作《社会体的结构与生命》（*Bauund Leben des socialen Kärpers*, Tubingen, 1881）一书中用 Gesittung 一词指文化：一个依风习与民德行事的人，也就是最人性、最不具兽性的人。是故 Gesittung 一词似为旧的文化一词的代用品；他接着将 Gesittung 分成文明与文化；文明指人的内在。德国人巴尔特（Barth）总结这些日耳曼思潮的发展道：文化通常指人对自然的支配；文明则指人对自身的支配。这种日耳曼式的区分对英、美人类学与社会学产生了直接的影响。重要的是我们应了解，某些日耳曼人在辨别 Kultur 和 Zivilzation 时，常将"西方"当作后者的本家；因为西方对技术与物质成就肤浅的崇拜；而德国则为 Kultur 真的本家。换言之，日耳曼人常在"物质文明"与"精神文明"这个概念之分上将他们自己的文化与西方相比；这个比法在亚洲普遍极了。

[1] 赫德本人未用"Volkgeist"一词，但他用了非常类似的词，如 Genius desvolkes, Geist des Volkes 等来表达"Volkgeist"一词日后所表示的意思。

了不同的语言、文学、风习等；乃至于保有了个别的"民族魂"。

所谓"国民性"概念的重点——特别是就其后西方与亚洲的文化民族主义而言：就是这个"国民精神"的创造者和保有者不是社会上的精英分子和统治阶级，而是广大的民众与乡民；指的也就是乡民文化（包括其风习、民德、文学、音乐、语言等所有方面）。然而，由于乡民文化常是世代口传的，同时由于它是民族"精神"唯一客观化的具体呈现，是故，逻辑上说，其辨识和保存只有靠对它们做有系统的学术研究了。如上文提过的，正是赫德，其影响力超乎一切以上，刺激了东欧（特别是德国）种种对民族传承进行整顿的学术性工作。

赫德个人是个至死不渝的民间传说与民谣收集家。其他还有如阿宁（Achim von Annim）和布兰塔诺（Clemens Brentano）也收集了民间的唱本《神奇的号角》（*The Boy's Magic Horn*, 1806）。最好的例子就是格林兄弟（Grimm brothers）所收集的德国民间故事：《格林童话集》（1812—1814）；他们在那些简单的故事中见到古代德国光辉史诗的持续性，试图重兴之。他们的工作象征了德国历史的持续。在他们自己创发的这种象征中，从那些民间传说中，他们见到了作为"德国独有的"纯真而自发的传统存在的证据。

## 六 德国浪漫思想与文化民族主义

半个世纪后,文化民族主义的作曲家瓦格纳(1813—1883)就以格林兄弟的材料为基础,创作了他那规模惊人,形式特殊的音乐剧《尼伯龙根指环》。

在保存民族传承这同一个精神之下,德国的历史研究也在这时开始了。事实上德国大学(如在哥廷根大学)恰在此时出现了第一个现代职业史家。日后"德国学派"的史学虽号称是"科学的",事实上,意识性是文化民族主义的。与此同时,日耳曼诸邦开始创立了历史语言学和雏形的文化人类学。

赫德在东欧斯拉夫民族间产生的影响也引发了历史、语言与民俗方面的类似研究。他们特别强调字典的编纂,目的在于"纯化"基本上属于农民的语言,使它成为民族文学的工具。

这类学术研究有其明显的心理层面的意义:它意表了在外来文化(在这儿的例子是法国)重大的影响下,一种对"自我认同"的急迫追寻。隐含在其动机之下的是一种恐惧,害怕文化的认同在心理上受到淹没甚至被根除;另一面又因当初有向外大量求借之必要而感到自惭形秽——一种认为自己"落后"的自卑感;最后,既然一般人民大众是民族精神的创造者和承担人,"民族精神"义理和某种形式的社会主义——起码是反资本主义——的关系实际已经萌芽了。

民族精神义理的第二个主要方面是它包含了一种欲望，希望见出自己的人民和他们的过去对人类有一定的贡献，和其他的民族比起来同样的有价值——特别是和那些在物质上显然优越的民族加以相提并论。赫德宣称："法国给了这世界启蒙运动和革命，难道德国就没有任何东西吗？"他强调为了文化上的自我实现，每个民族必须自发地表达他们的"民族精神"。对某一模式的模仿因为过于做作也贬低了艺术与生命。他似乎意指：日耳曼诸邦要成为真正的日耳曼人，不是二流的法国人。只有成了真正的日耳曼人，他们才能对人类的将来做出贡献。换句话说，这是一种"平等"的要求，要求在创造一个属于全人类的将来的事业上将自己民族的文化和外国文化等量齐观。

### （四）莫泽

与赫德同时的莫泽，在上面的问题上是和赫德一致的，不过他用"风格"（style，德文 stil）这个词而不用"精神"。他主张风格之为物是有其"地区性成因"的，各种制度不是，也不会是普遍一般的。了解一个人或社会只有靠"全盘印象"，而不能像做分析化学一般，把各因素分离开来，文化

六　德国浪漫思想与文化民族主义

的认知是不遵从纯粹理性的分析的。

在早期德国浪漫思想家的思想中，我们还可见到大部分反现代化思想共有的另一个观念的萌芽：一种"直觉"的精神能力的存在，它能穿透到"真正的现实"，进入人类思考世界的内里或背后。特别是谢林，他把这个观念发展成一个复杂的认识论体系。这体系的核心是神秘性的"直觉"，它能穿透现实的终究本质。在后来的欧洲、中国、日本、印度及非洲等地的反现代化思想家的思想中，这种精神能力也总是拿来跟"知识性"的（启蒙的或科学的）批评分析思考加以区分的。

"知识性"的思考常被说成是：收集和分类各种实验，拆卸和重新装配，并对现实加以界定、推论，因此它也就扭曲了现实。而"直觉"得以触及的现实则是一个"全体"，一个不断转化的浑然整体。知识性思考，恰由于其静态的、机械性的性质，永远无法了解这样的现实——这个观念当然和道家的老庄思想有共鸣之处。在反现代化的文化哲学的理脉中，这种直觉能力成了思想者自身所属文化的主要特征；而科学与知识性的思考则被归诸他们经验中的"西方"。

在19世纪西方思潮及19世纪末20世纪初亚洲地区反现代化思想中，直觉能力这个观念在不同的外衣和名号下一再出现。在西方,其最高的发展可见于柏格森(Henri Bergson, 1859—1941)的哲学,他本人可说是法国"生机论"派的集大成者,而法国"生机论"在许多方面可以说是德国直觉浪漫主义的法国版。柏格森将理智与直觉加以严格区分:前者通过建构机械式的模式和假设来将经验加以理智化,具备实用的功能;而直觉,则为一种充满于寰宇间的最高的共同创造意识。有意思的是,柏格森后来成了亚洲反现代化论者中最具影响力的西方哲学家。在印度,甘地、依克巴和泰戈尔;在中国,梁漱溟和张君劢;日本的金子马冶和西田几多郎都接受并推荐柏格森的思想。

## 七 民族国家、现代化与国家主义的关系

过去两个世纪以来人类存在的两个最大的推动力量（ideés forces）无疑是国家主义与现代化。国家主义将所有的民族组织到民族国家中——那些个民族过去不是生活在宗教式或朝代型的国度内，就是身属于族群或古王国中。现代的国家主义、民族国家和现代化都是在英、法两国发生的。英、法一旦开始现代化，建立了官僚制的民族国家，世界的其他国家——如果没有其他的理由——就算只是要自卫，也被迫非跟着改变不可。国家主义、现代化、民族国家，其间的关系又如何呢？无疑地，没有国家主义就演化不出民族国家；没有民族国家，现代化就不会进行得那么快速；甚至有人还推出一些理论把科技和经济的进展归因于18世纪大规模的国际战争：国家要钱来支持那些战争，那些战争也迫使国家将它本身的结构进一步地效率化。对战争工具的物质上的需求也刺激了经济发展；在攻防上需要更有效的武器则刺激了工技和发明。即便我们不接受上述的全部解释，无疑地，国际上的争战确有加速现代化

脚步的倾向。在这个意义上，战争对现代化过程中的民族国家是极重要的。英、法两个最先现代化的国家能更有成效地动员其种种资源，我们可以把这种对资源的动员视为军事与行政现代化的第一个步骤。

然而，另一方面，如果没有种种科技、经济和社会的先决条件，现代民族国家就不可能出现；而那些先决条件——除了英国之外——在其他地区直到法国大革命时期都还是不存在的。那些先决条件之例是：交通的改善；某种地理或社会性人口移转的出现；被统治者对政府新措施的认同；古代地方性传统与对地方效忠的减弱；都市化和某种程度的工业化。至于所谓现代化根源的问题，那是无法回答的，我们可以总结说都同样是鸡生蛋、蛋生鸡的问题。

国家主义又是什么呢？看起来是相当矛盾的，世界上第一个意识性的国家主义是在日耳曼诸邦成形的，而日耳曼诸邦偏偏不是个民族国家。此类的国家主义——或称之为文化民族主义——后来成为所有非现代化的"后进"社会在面对着西欧的强力崭新的挑战后所产生的共同特征。无一例外，它们都是由知识分子指导和推动的。这些知识分子所对抗的是外国（或者一个以上的外国）的主宰性文化影响力，以及外国在政治、经济、军事上的优越性。

我们已经谈过对启蒙进行批评的第一代德国浪漫主义

## 七 民族国家、现代化与国家主义的关系

思想家赫德,他死于1803年。1806年,法国在耶拿(Jena)决定性地打败了他的国家——普鲁士。他本人不是个现代国家主义者,但可说是这个运动的先导。他认为不同的文化当如人类花圃中的和平花朵相互比肩、共存共荣。正因为法国,才使得赫德、哈曼这类思想家思想中的文化民族主义的种子能在较年轻的一代——如费希特(Johann Gottlieb Fichte, 1762—1814)——中发展为盛开的文化民族主义的奇葩。也就是说,法国借其爱国心切的大批军队、外来文化主宰性的威胁,加上更明显而空前的政治与军事上统制性的压力等现象,刚好造成(或说刺激)了德国的文化民族主义反应。这方面确是存在着矛盾的:法国启蒙思想家的最重要特质就是大同主义,而拿破仑本人,对大部分的欧洲而言是象征了也具体化了这个启蒙运动,他把启蒙的革命观念和法国现代化了的经济与军事实力结合,横扫全欧;他的这些战争至少名义上打击的是"自由的敌人"——暴政,而不是外国的人民。正如法国革命的斗士号称他们为人性而战,同时主张其主义的普遍有效性;拿破仑同样宣称他的战争是为恢复所有人的自由而战。然而,在历史的过程中,法国大革命原先的国际主义转型为一种新的法国国家主义;这种军国国家主义于是也回过头来在日耳曼知识分子中引发了文化民族主义的反应。

虽说如此，此地正牵涉到另外一个矛盾：文化民族主义与欧洲当时各国的模式都不相合，是故，在赫德和其他开创者以下，新的军国国家主义者遂将其着重点放在他们民族的"前政治及前国家的形成基础"上了。日耳曼之作为一个文化集团是几十个不同邦国的一部分：波兰、捷克、斯洛伐克及匈牙利等；此外，它们也是好几个多种属王国的一部分。它们强调民族语言、民俗传统、人们的精神等，不过，这种新民族主义的终极目标（实际上也是其最终结果）就是建立民族国家。在亚洲各国后来的文化民族主义兴起过程中我们可见到完全平行的现象。

## （一）费希特

恰恰是1806年耶拿一役拿破仑大败普鲁士这个历史事件，将费希特从一个热切的启蒙主义者转化成了一个同样热切的国家主义者。在他的思想中，我们可以见到哈曼、赫德等人的浪漫式反现代主义和新文化民族主义的混合。在他著名的《告日耳曼国民书》（1806）[1]中，他宣扬

---

[1] 费希特的 (*Reden an die Deutsche Nation*)《告德意志国民书》是柏林被法军占领期中对柏林的一小群听众发表的；这十四个演（转下页）

## 七 民族国家、现代化与国家主义的关系

一种俗民精神的民族主义：以为只有在历史的、文化社会的一统中才能找到最高的个人自由，这个自由是通过与"俗民"相合一致而产生的。他对"俗民"予以不少浮夸之辞，可是，极明显地是自相冲突的。他一方面强调日耳曼文化——其制度、风习、语言的特殊性，另一方面却俨然赋予德国文化以拯救人类的任务："吾人无疑系人类完善根基之所系……倘吾人失堕，人类必随吾人而堕之。"在这个基础上，他促使日耳曼人为保护他们珍贵的文化传承而抵抗法国，这不仅是为了他们自身，也为的是全人类。人类要是没有了德国文化，必将落后与退化。

在费希特德国文化优异性的理论中，他强调他的文化是建立在一种与自然特殊的联系性上的——在他之后的非西方文化民族主义者也大多作如是称。比诸所有其他民族，日耳曼人和自然的神秘力量是最接近的。日耳曼语言之有生命力，乃由于其根植于自然；而其他语言的根则早已死亡了。

在费希特及许多其他极端文化民族主义者的思想中，他们对现代化的态度潜藏了一种极强烈的爱恨交织的——或可说是相矛盾、相冲突的——心情。费希特对中古社会

---

（接上页）讲中，费氏获取了远超过其他严谨得多的哲学著作所赋予他的声名。张君劢将他这个演讲译成了中文。

及其有机性的本质加以颂扬，并以中古的经济为其理想。他憎恨一切源自经济现代化的任何社会变迁，比如说以经济功能来界定社会阶级；他对猖獗的商业主义、都市化和两者所本自的功利主义表现出极强的厌恶；对于兴起中的日耳曼布尔乔亚，他是非常敌视和充满疑心的。因为他在他们身上见出了种种个人主义，以及勇于竞争的本质，有碍于日耳曼人民整合成为一个大一统的有机文化。他提倡一种民族"社会主义"，由国家控制经济生活，国家以政权来控制所有的经济活动，并将其置于其活动四周的社会结社的严密控制之下，目的在于在每个市民间平均分配所有的生活工具[1]。他创发了一整套国家哲学，主张由国家提供人类经济、社会和精神上的种种需要。因考虑到德国社会受了启蒙运动影响而将变得个人主义化和道德败坏，他倡议建立一种全民教育，特别强调年轻人的道德方面，训练他们不自私且能自制。他们必须认识到社会重于个人。学校是一种自给自足的自治"社会"，但教育的方式和内容则由国家决定。

费希特对科技变迁似乎是表示欢迎的，认为科技的不

---

[1] 这个意见出现于费希特的 *Der geschlossene Handelsstaat* (Tubingen, 1800) 之中。

七 民族国家、现代化与国家主义的关系

断进步是不可避免的：

> 这种人类对自然的宰制将扩充到除了维持自身的健康外，体力劳动成为多余……由是，劳动不再成为一种负担[1]。

费希特的矛盾在于他将"俗民精神"和德国国家机构加以等观，后者则被变成无所不在、亦无所不能的德国文化与德国特性的保护人。他大加赞扬的德国文化的价值、风习与制度创始，也含寓在乡村社会——有机的农业社会、礼俗社会。一个社会经济上一经现代化，有机的乡村社会的制度与风习不可避免地要受到摧毁。一个国家的现代化——也就是说官僚化，不可避免地会淘汰传统的种种非政治结社与机构，也就是说中央的官僚体制取代了过去地方社会维持自己所赖的地方行政体制。费希特应该可以见到：由国家创建并控制地方学校系统，这个系统同时还要能自治并以社区为基础，这想法不但荒唐且富讽刺性。国家权力和社会力量的冲突是不可避免的，保存德国文化的唯一

---

[1] Fichte, *The Vocation of Man* (*Die bestimmung des menschen*), translated by Willian Smith (Chicago, 1910), p.117.

办法是创造一个强有力的德国国家机构,但后者是要摧毁前者的。强固了物质的存在,不可避免的是要摧毁其精神的。

由于篇幅的限制,对19世纪浪漫派文化民族主义运动及其思想不能深入讨论。需要指出的是,国家主义和文化主义间隐含的矛盾在那些反现代化思想家中几乎无一例外的都存在。尽管浪漫的情绪和国家主义的冲动在终极上绝对对立,然而在这些人身上它们却互相结合。对乡村社会、乡民和中世纪(常常包括宗教在内)等的加以提升和歌颂在浪漫文化民族主义思潮中几乎是无处不见的主题,随便举个例子:革勒斯(Joseph Gorres, 1776—1848)和他"海德堡学派"的同道如阿宁和布兰塔诺,将他们的一生投注在德国过去的重建、重振民俗,并依语言、信仰、风习、民德、神话和服装来确立日耳曼俗民社区。革勒斯和其他与他类似的人一样,直到拿破仑入侵之前还是法国大革命的热心支持者;其后,他再次依归于天主教——当它是一种对中古时期历史上的德国的膜拜,同时成了激进的国家主义者,也成为19世纪末20世纪初"泛日耳曼运动"主义的直接先驱。在20世纪,这个运动在希特勒出兵占领捷克、波兰、丹麦、匈牙利和奥地利的行动中达到了顶点。

在19世纪末德国国家主义思潮中对乡民社会、农民和"民性"(folkdom, volkstrum)的颂扬也是一个常有的特点。

## 七 民族国家、现代化与国家主义的关系

例如社会思想家来贺(Wilhelm Heinrich Reihl,1823—1897),他和其他更后期的德国思想家如斯塔贺(Julius Stahl,1802—1861)都不断地诅咒新兴的商业化与资本主义,而希望能重整德国某种形式的农业社会。来贺在他1854年所著《布尔乔亚社会》(*Bourgeois Society*)一书中强调,人民的基础在于"俗民、语言、风习与聚落"。他们天生的敌人既是中产阶级也是无产阶级——当时刚刚在德国开始的科技及工业变迁的两个产物——两者都是"无根"且没有价值的,而且将破坏一切真正德国的文化与精神。

在比较通俗的层次,这种对民性与乡民社会——其高超的种种价值与体制等——的特别关注的另外一个表现,是19世纪前半叶,极端风行的"农民小说"。这些小说主要是对乡民社会的颂赞,同时强烈却不明示地对新近社会中衍生的现代化部门加以批评——尤其是对中产阶级及他们非道德的物质私利。德国的这类小说中,"无根的犹太人"常被描写成"冷血而精打细算的恶棍",他们把现代化的破坏力与其对乡民社会的影响具体化了。

最后我要强调在欧洲的其他部分这样的思潮也是很普遍的——特别是在经济和政治上比较落后的地区。爱尔兰、波兰、挪威和意大利,学者们对振兴与研究民俗传统产生了同样的兴趣,也有着同样的民族历史和文学传承的

探索和同样的语言学研究。阿尔菲耶里（Vittorio Alfieri, 1749—1803）[1]之赞颂意大利语言与文化的无限高超于法国，其口吻和费希特是很近似的。当时意大利是在法国的政治与文化的主宰之下——几十年后著名的意大利文化民族主义思想家马志尼（Giuseppe Mazzini, 1805—1872）把这个主题继续加以发挥。在波兰，密茨凯维奇（Adam Mickiewicz, 1798—1855）对波兰语言和文化所下的功夫也与之相当。

这些不同地区所共有的性质当然是由于他们在经济、政治和军事等力量上逊于英、法两国。他们生活在英、法文化影响（科技、文学、哲学、经济等所有方面）超绝的世纪，受到外国政治和文化的宰制。是故，这些民族主义的思想中，"精神"和"文化"占了最高的地位，成为超越了任何经济与政治现实的实体，尤有进者，自己民族的文化常常是被描写成比起军事和政治上的主宰者（常指的是法国）的物质上的优越要高超得多。在英、法两国的民族主义思潮中，相形之下，"精神"和"文化"就没有这么重要的地位。因为他们都有触手可及的光辉往事，不需要以研究语言和

---

[1] 阿尔菲耶里是意大利现代作家中最重要的一位，特别是在戏剧方面；他通常被称为现代意大利国家主义的先行者。

七 民族国家、现代化与国家主义的关系

民俗来找他们的民族特性,他们的民族性认同早在建立民族国家之时就已确立了。至于德国,则为政治积弱、分裂和无能的"老土"。他们在近期的历史中所经验的不过是政治上的败绩——三十年战争、法国在文化和政治上的宰制等,再加上这些地区比起英、法在经济现代化上远为落后,19世纪中叶,全德消耗的原煤不及英国的一个城——伦敦。

当然话说回来,就算在英、法,反现代化批评在当时也不是不存在的,但在这两国——它们已经属于"发展"世界——这种批评和国家主义与民族国家并无特殊的关联,现代化既然不被视为一个外来的过程,也就和排外的民族主义反应挂不上钩了。

19世纪较落后的欧洲和日后亚洲各社会(相对于整个西方而言)在处境上是全然平行的。是故,19世纪欧洲文化民族主义思想和后来亚洲文化民族主义思想间惊人的类似也就理所当然且不可避免了。

## (二)杰斐逊及其农业理想: 一个文化主义与国家主义冲突的例子

虽然由于篇幅的关系我不打算讨论美国的反现代化主义,在这儿我愿以一个美国的例子来说明:民族主义的种种要求和文化价值的要求之间存在的根本紧张关系是绝不只限于浪漫主义的文化民族主义者的；非但如此，它在现代世界范围内都是普遍存在的，只要一个国家或民族面临了比较现代化国家优越的军事、经济力的侵袭，它就会发生。我们拿与费希特和赫德同时代的美国政治家和思想家杰斐逊（Thomas Jefferson，1743—1826）为例，他和富兰克林（Benjamin Franklin，1706—1790）同是启蒙运动在美国的最高体现，而与德国的浪漫主义者在思想上并无关系。在科技的领域他还可说是一个热心的"现代化者"。他寻求农业技术的合理化和一般性的科技改进，他本人发明了改良的犁，能显示周日的时钟和其他无数的精巧机械。他以为所有的宗教都是非理智的迷信，他也是所有英国传统的敌人，但是，他仍对西欧工业革命的影响感到不安，切望美国可以免受其害。他的《弗吉尼亚笔记》（*Notes on Virginia*，1784）就是一篇反城市、反商业和反工作的苛评，一种建基在极特殊的文化民族主义之上的反现代化批评。他以为只有在美国才能有真正自由民主的社会，才能真正实现启蒙运动自由、平等、博爱的原则。

实现这些目标的首要条件即维持美国作为一个自耕农的农业社会，与欧洲相比，欧洲在当时的情势上必须赡养广大的人口，而美国由于其广大的土地可免于这种必要。

## 七 民族国家、现代化与国家主义的关系

他觉得除了木匠、泥水匠和铁匠,所有的美国人都应该是农夫——前者的功能只是为了支援农夫。《弗吉尼亚笔记》的一段写道:

> 至于一般的制造业生产,我们把作坊留在欧洲。与其把工人群带到物资和原料的所在,也带来了他们的种种习气和准则,不如把物资和原料运到他们所在的地方。大都市的乱民对政府产生的负担就像腰痛之于一个人的体力;维持共和国生命力的无非是人们的行止和精神[1]。

在1800年,杰斐逊还以为现代工业城市是"人类自由、健康和德性的瘟疫"[2],但是不几年后他的态度却有了改变。他的改变和拿破仑在耶拿打败普鲁士后的日耳曼浪漫主义所经历的转变是完全相同的。就他而言,和耶拿之役作用相当的事件是1812年的英美之战,是役比较现代化的英国军事力量入侵了美国,且焚毁了首都华盛顿,这个事件向

---

[1] *Works of Thomas Jefferson*, edited by P. L. Ford (New York, 1904), Volume IV, p. 86.
[2] 同上,Volume XI, p.146。

杰斐逊示明，为了保护美国和那些他认定与农民生活相连的价值，建立产业中心是必需的。换言之，他似乎得到一个结论：为了保护美国这个民族国家及其独立，有必要摧毁他心目中的美国文化——农业社会。在一封1816年的书信中，杰斐逊指出他已不再能如《弗吉尼亚笔记》中所主张的那样坚持美国在工业产品方面依赖英国，相反，应该鼓励工业与都市的成长[1]。

和任何地方的反现代化主义没有两样，杰斐逊面临着同样的进退维谷情况：一方面是国家主义的要求——对较现代化国家军事入侵的反应，另一方面是对所认定的人类普遍价值的献身。这两方面的冲突，像费希特一样，他的最终答案尝试在国家主义与文化主义之间加以平衡，通过某种妥协，希望现代化的必要成果——国家富强——能在不摧毁那些价值的情况下达到。人类过去两百年的经验告诉我们这种希望是不切实际的。然而就在西方本身，直到目前却仍继续对启蒙和现代化过程的必然结果产生种种的批评。这种过度乐观的企图的另一个出路，当然就是牺牲对民族国家的献身及对其利益的关切，以成全维护传统文

---

[1] *Works of Thomas Jefferson*, edited by P. L. Ford (New York, 1904), Volume XI, pp. 503-504.

化价值的目标。可是无论东方或西方,很少有反现代化者愿意做这样的牺牲。

## (三)现代化与社会

左派和右派对现代化批评之所以契合,是因为并非所有的反现代化批评家都视科学与理性本身为敌的。事实上,许多德国浪漫派本身就热衷于科学与技术。早期德国浪漫主义文学的领袖,抒情诗人诺瓦利斯(Novalis,1772—1801)就是个业余科学家,他视科学为开向永恒的门径,自己就是个受了数学、化学与机械学训练的技术官员;巴德是个专业工程师,他也是现代化工厂生产的创建人之一;谢林是慕尼黑科学院的秘书。不过话说回来,就算指出了对科学与技术态度方面的各个人的差异性,一般地说,反现代化主义者不是倾向于怀疑科学,就是消极漠视。他们的共同敌人毋宁说是"理智化"对社会产生的实际影响,而非科学与理智本身。也就是因为如此,就算他们分属于不同的文化与不同的时代,他们的种种批判也有其极近似之处。作为一个我亟思塑造的"反现代化"的范型,其至强调界定因子是思想者对其本身文化的过去及前现代阶段所持的态度。在西方,这自然得回溯到中古社会。日耳曼及东欧的反现代化思想家一致认为中古时代为社会理想状态的典范，也一致仇视于社会实际所朝向的改变方向——布尔乔亚功利文化。就恰在其运用中古与乡民社会为社会至善的试金石这一点上，我首次见出将反现代化者对现代化反应的性质在概念上加以体系化的方式。这个范畴可以应用到所有类似的思想家身上：不管他们是左是右、保守抑或激进、是否民族主义者；欧洲人还是亚洲人；同时也包括现代化中心地——英、法两国——那些通常不被认为是"浪漫派"的反现代化思想家。他们似乎全都对现代化过程带来的中古时代社会关系的解体进行反应。最重要的，所有这些思想家都视中古时代为一个绝对"整全"的时期：一个建基于共有价值上的真正社区与乡谊的时代；这个时代，社会是个活生生的成长中的有机体。——"有机体般的"这一说法，在整个19世纪到20世纪的文化守成论者与文化民族主义思想者的著作中是到处可见的。另一个类似的说法则为"民族精神"，如前面所指出的，它被当作有机的乡民社会之表现和产品。

启蒙运动和"布尔乔亚功利文化"出现的具体社会效应无非是社区生活的结合体——家庭、社区、教会等组合的一步步解体。日复一日面目模糊而不相维系的民众见到精神的意义与道德的确实性随着它们的消失而俱亡。换言

七 民族国家、现代化与国家主义的关系

之,现代化导致了个人主义之兴,这意味着不但个人是唯一重要的社会单位,也是仅有的法理单位。随之而来的意义是:只有个人本身才是国家的真的单元,社会被简约为互不相系的个人的不定型聚合,这些个人间唯一的关联充其量是通过彼此物质上的私利产生关系。游离的个人,不受任何民德、风习与社会价值的指引,只凭借自我利益而行动;这些使得所有的反现代化思想者厌恶与苦恼,不管他们对政治、科学、民族国家的态度有多大不同,没有例外。他们对科学、国家和政治的态度之所以多少有异,是因为他们有的并不把各个领域发生的各种变化视为相互关联、彼此整合且不可避免的模式。我们拿经济领域的问题——机器技术、工厂生产等和政治问题(官僚化)为例:二者实际上是基于同样价值和原则上的同一过程。现代社会科学的创建人韦伯几乎已经将经济生产上的理智化(工业化)和社会组织的理智化(官僚化)之间的关系加以确定。他在其中见出了有别于18世纪哲学理性主义的内涵:两者同样排除了社会的质的差异,减除了文化上的分歧,而导向于机械性的单一。也就是说,在两个领域中,技术的效率性成了终极的价值:

现代式对职分的效忠的特殊性是有决定意义的,

59

> 其纯粹样式就是不和具体的人建立关系……现代式的忠诚是能对非个人的、功能性的目标……发展完全的官僚机关的和其他的组织相比,正如机器的比诸其他非机械性的生产形式[1]。

是以,过去两百多年来,随着现代民族国家在世界范围内的普遍产生——也促成了它们的产生——官僚制度将无数起码的亲密的人际关系的种种职责和权力转移至数量日少、规模日大的官僚体系机构中,这些机构以最大的技术效益进行运作。和这个过程相平行的是:同样以最大技术效益进行运作的组织与工技形式去改变经济的生产。科学,与其在技术进步上的表现以及官僚制度化不过是一个整体的过程。

我们讨论过的反现代化批评的第一代并未亲身经历他们社会的个体化、官僚化及具体个人的社会组合受到摧毁,他们见到的是这个趋势的起始,据此推论出根据启蒙原则逻辑地发展出来的未来社会。是故,虽然每个反现代化思想家所最关切的方面因人而异,但他们都以某种形式去追求回到过

---

[1] Max Weber, *Essays in Sociology*, Gerth and Mills, editors (New York, 1946), pp. 184-185.

去，而避开他们认为启蒙不可避免带来的社会结果。

德国现代社会学者之一的特尼斯（Ferdinand Tönnies, 1855—1936）[1]——其主要思想是从浪漫主义发展而来的——创发了社会集团的两个主要不同形态：礼俗社会（Gemeinschaft）和法理社会（Gësellschaft）。这个分法恰恰抓住了启蒙前欧洲社会与其后开始急速转变时其间的不同点，因此，这个区别也就有助于解释对启蒙运动进行反现代化批评的思想家反对的是什么样的社会变迁了。礼俗社会是一种以"自然意志"（或"精髓"）为首要的"理想型"（Ideal type）。自然意志是一种从背后驱策人类活动的基本本能的和有机的倾向，这种意志主宰了农民、手工艺者和一般百姓。自然意志占首要地位是由于人们的结合，其关系建基于下列特定一个或多个特征上面：关系的本身就是目的，它们是发自自然感情的；它们之产生乃由于所牵涉人员一定的身份角色——例如母与子——相互作用的结果。人们的结合如家庭、友侪、民族、农村、邻落和宗教、宗派都是这一类型的。在另一个极端，是所谓的法理社会，

---

[1] 特尼斯最重要的著作即 *Gemeinschaft und Gësellschaft* (Leipzig, 1887)。礼俗社会与法理社会的差异有类于梅因（Henry Maine）的"身份"与"契约"、涂尔干的"有机团结"与"机械团结"。费孝通的解释见《乡土中国》（上海，1948）第5页。

"法理社会"是一种"理智意志"占有首要地位的社会形式，这种意志以生意人、科学家、上层阶级的权威人士的活动为特征，这种意志的原型指引了商贾们彼此杀价。这种形式的社会关系成了为达到其他目的的手段，而那些目的又是高度分化的，因此不同的手段可以依理智和有效性（在技术性和经济性两种含义上）的规范而取舍。现代的政府官僚和工业组织属于这个类型。此外特尼斯对社会规范也进行了有创意的分类：法律包括的是须在法庭上维持的社会规范；道德律令则是由理念的判官——不管是个人的、神明的或抽象的——加以维持的；"协同"也者，则包括了那些建基于礼俗社会型关系上的律则，所以被认为是自然而必需；民德（mores，德文 sitten）是植根于风习的律令；而约定（conventions）则建基于明言或不明言的同意上。总之，法律和契约是各种组织的特征；道德和协同是各个社区的特征；而民德则存在于两者之中。

中国著名社会学家费孝通在解释特尼斯的社会集团类型——礼俗社会与法理社会之不同时，这样写道：

> 在社会学里，我们常分出两种性质不同的社会，一种是并没有具体目的，只是因为在一起生长而发生的社会，一种是为了要完成一件任务而结合的社会。

## 七 民族国家、现代化与国家主义的关系

用 Tönnies 的话说：前者是 Gemeinschaft，后者是 Gësellschaft；用我们自己的话说，前者是礼俗社会，后者是法理社会。——我以后还要详细分析这两种社会的不同。在这里我想说明的是生活上被土地所囿的乡民，他们平素所接触的是生而与俱的人物，正像我们的父母兄弟一般，并不是由我们选择得来的关系，而是无须选择，甚至先我而在的一个生活环境。

在我的定义下，现代化就是破坏礼俗型种种关系、结社与组织，而以法理型代之，好比说，用法律取代了民德、风习、宗教清规等。是故，不光是在东欧和南欧，在整个欧洲，对启蒙进行批评的反现代批评中存在着很普遍的二分法概念：法律／道德；法律／风习；商业化关系／"自然"（宗族、友侪等）关系；机械的／"有生的"或"有机的"等。在查考了所有欧洲反现代思潮后，我将完整表列所有的二分法作为结论。那些二分法在亚洲对西方的批评上也是存在的。但是，正如我示意过的，在"现代化了的"国家，如英、法、美等国出现的对现代化的批评和其他地区出现的批评有一个重要的不同：在未现代化或正在现代化的国家，礼俗社会式的结社被视为批评者本身民族社会特有的特点，而法理社会式则被认为是"强大的外人"

(significant "other")所专有。也就是说,现代化了的(或比较现代化的)国家的文化影响,加上军事和经济上的优势,不但威胁民族的文化,还威胁着国家的独立。换言之,现代化的批评者视其民族本质(未现代化国家对其人民与文化的自我定义)为礼俗社会,而现代化的过程(由法理社会对其加以取代)则被当作"强大的外人"特有的东西。可是,在这同时,法理社会式的种种形式又被认为会使国家富强;这么一来,批评者本身的国家(或文化)也就被迫要向那些"强大的外人"进行文化引进。国家主义靠着颂扬批评者本国礼俗社会种种形制的"特殊性"和"精神性优越"而得以加强;恰恰这同时,国家主义却要求向"强大的外人"做更多的引进。

另一个类似礼俗社会—法理社会的分析性二分概念,则直接自日耳曼浪漫主义发展而来。在19世纪德国思想中,"文化"(culture)之有别于"文明"(civilization),既明确又重要。此处篇幅不容许细究"文化"这个概念的发展与社会科学发展的关系,也不能详谈它在美国思想中出现的情况[1]。我只想提醒一下:介于物质/非物质文化,或

---

[1] 事实上,我将问题大大地简化了;这些观念在19世纪日耳曼思潮中的演化是极复杂的。好比说:有时内在的精神的因子(转下页)

精神与物质文化之间的区别也常表现于"文化"与"文明"之间。换言之，有两个实体是可以明确界定的：首先是文化——一个人群所特有的生活方式，其本质的、有机的、规约性的和主观的各个方面包含风习、宗教、艺术、文化、道德等；其次一个叫"文明"，指的是一群人生活方式的一般方面，即其数量的、机械的、认识的和具累积性的各个方面（因此包含了科学工技、经济生产等）。启蒙运动后德国思潮里彻底浸淫的精神／物质，或精神／自然这种二分的思路也和文化／文明的区分相关。文明的活动是一套能极明确加以认定的运作，它有一种立竿见影的衡量尺度，也就是说这些运作能以技术的尺度加以度量，所以，文明的领域是"客观的"和"科学的"；而另一方面，文化则彻头彻尾是个人的和主观的，恰恰因为没有固定的和明确界定的运作以供人决定可欲的结果。这样的划分在早期日耳曼浪漫主义者如赫德的身上已可得见。也偏偏是在那个时代的德国——尽管是四分五裂，经济、社会和政治上又比

---

（接上页）称为"文明"——如 Wilhelm von Humboldt, Paul Barth, Albert Schaffle 等人；有时又称"文化"如 Alfred Weber, Frederick Oppenheimer 等人的理论。此地所说大致依据 Thomas Merton，见 Thomas Merton, "Civilization and Culture", *Sociology and Social Research*, Nov.- Dec., 1936, pp. 103-113。

英、法落后——开始产生了伟大的文化产品：作曲家如海顿、莫扎特、贝多芬；作家如歌德、席勒等，都一一出现了。或许是由于骄傲与自尊的缘故，德国的思想家自然地转到认为"文化"有别于"文明"，因为后者他们还是落后的，前者则不然。

# 八 英、法两国的反现代化思想家（1780—1880）

虽然我们对18世纪末19世纪初德国浪漫派和文化民族主义思想只做了非常概略的描绘，而反现代主义思想的主要特征已相当清楚，同类的特征在同期或较后的英、法思想中也同样地出现，只是少了民族主义的成分。这是因为现代化的原则和过程并不被视为外来的东西，而且也并不和英、法的传统或文化相对立。变迁并不产生认同危机或自惭形秽。某些日耳曼思想家对某些英国反现代化批评产生了直接的影响，如柯尔律治（Samuel Coleridge，1773—1834）和华兹华斯（William Wordsworth，1770—1850）。但是德、法、英各国批判上的类似并不是由于相互影响的关系。

## （一）柏克

柏克（Edmund Burke，1729—1797）是以他对法国大革命的批评及作为现代世界的第一个保守政治哲学的提出者而闻名于世的。他激烈地拒斥由启蒙而生的政治理论，他以为造成种种历史、社会与政治制度的"思考"远胜于纯然抽象的认知原则。他强调人们的职责不在于将他们的秩序强加于自然，相反地应认识到事物中隐含的秩序，因此，他把自然与历史认为同一。尽管他对与他同时期的德国著作者一无所知，柏克在谈到有机的、整全的历史社区时他的调子与赫德和谢林完全一样。他反对根据平等或意识的功利普遍原则来重组社会生活的那种倡议，主要在于认为这些原则导致了维系政治社区之神秘纽带的松弛。和同时期的德国论者及他的后继者一样，柏克表达了一种"浪漫的"心态：他攻击革命者，说他们认为他们是可以把政治当作"几何操演"（geometric exercise）的纯理论家，不知道参考历史。针对这种抽象的理论思考，他提出了一种隐喻的有机理论，强调人们对历史的成长的社区及其种种体制所具有的情绪纽带。他像德国浪漫主义者一样，诉诸"千丝万缕"的纽带以结合人类成一个历史的神圣整体。功利主义的模型以社会为一个贸易公司，其所以聚合，纯粹由于契约性的种种义务，这是个"经济家、巧辩家和精打细算家"的世界；而这些人可说是既聋又瞎，对于使得一个家庭、一个族群、一个民族、一个运动或任何人类结社成为可能的、无法加以分析的关系，他们全然无知。那些个关系之形成是远超过相互之间利益的追求或暴力凭借的。

跟德国浪漫派没有两样,他用"精神的"运作相对于物质的力量来解释历史。他自己的中心价值——对反现代化者而言并不少见——是建基于宗教之上,基本上是一个神秘性的立场。

尽管柏克从来没有用过"人民的精神"或"民族文化"这两个名词;事实上,他的有机社会的概念是差不多的。

> 一个国家绝非区一处,或个人暂时结合的东西,而是在时间、空间及数量上的延绵持续。它也不是一时、一群人的选择,乃经无数世代与时代的筛选,由无数特定场合、情况、倾向、癖性,与人民的道德、私人或社会习惯所造成。所有这些只能在极长的时间中得以一一显现。[1]

可是,柏克的民族主义和大部分日耳曼文化民族主义者是不同的。尽管他谈到英国宪法的独特性和乡土的甜美,他并未声称英国文化的精神优越性。不同于德国人的是柏克身处的是当时世界最现代化的国家——两个首先现代化

---

[1] "Reform of Representation in the House of Commons", *The Works of Edmund Burke*, 16 volumes (London, 1803—1827), Volume Ⅵ.

的民族国家之一。他没有民族自卑感,也不因英国要引进外来文化而产生认同危机。他对研究英国人的民俗传统、民族语言及风习并不特别关心。这种民族自信心是现代化了的世界里反现代化批评的特征。然而,话又说回来,柏克又和德国浪漫派一部分人相似,对现代民族国家多少都心存疑忌,不像许多德国文化民族主义者,柏克对英帝国及其利益并不心存无条件的承诺,他能强烈支持爱尔兰和美国的独立就是一个明显例子。

其次,柏克也不是一个无条件的历史相对主义者,他主张宇宙的道德秩序是不变的,基督教价值不但对英国人,对全人类也是恒常而普遍的,但其理由并不是因为英国人自己是基督徒。

作为对启蒙进行批评的第一个世代,柏克对保护基督教免受批判理性主义的攻击并不关心。到了他后继的第二代,才没有办法再相信宗教及其他绝对价值在批判思考下还能不受侵犯。

虽然他未曾经验闪电式的"大悟"到现代化的危险——许多其他反现代化批评者是这样的——柏克年轻时也曾是启蒙的支持者。他的第一本书《自然社会的辩白》,是对波林布鲁克(Bolingbroke,一个保守主义者)观点的讽刺;对于认为文化社会的到来必带来灾厄的这种念头,加以丑化。

像其他反现代化批评者一样，柏克本人的最后一个讽刺是，当他们集中注意在文化的"整体"上时，他们却无视于现代化是一个"整体"。柏克攻击民主和布尔乔亚功利文化，维护"有机"社会。然而，在其有生之年，英国变成了一个工业社会，随之不可避免的结果是传统乡村社会的摧毁。他眼睁睁地看着他的"有机"社会被新的经济势力打散，而他却在别的地方表示抗议。他从来没能正视，现代化的富强只能以所有的传统与价值为代价来交换；较后的反现代化世代，如甘地和梁漱溟，是晓得要付这种代价而决意拒付的。至于柏克对这一点就搞不清楚了。

## （二）科贝特

科贝特（William Cobbett, 1762—1835）是一个"极左"的新起城市无产者的代言人，但在对现代化过程的反应方面，他和他轻蔑的意识形态上的对手柏克却很相似。科贝特比柏克年轻，得以亲见我们所谓工业革命的整体性复杂变迁在乡村和城镇产生的效应，以一种早期的马克思——或更早于马克思——的语调，科贝特见出了新兴工作体系对他童年熟知的乡野的破坏，而这些变迁的逻辑的结果是将人口化约为两个阶级：主人与奴隶。

> 税制和税资等制度将国家的财富集在少数人的手中；使土地和农业成为投机的对象；在王国的每个地方，土地兼并成大农场，小农几乎绝迹——我们日甚一日的趋向只剩下两种阶级状态：主人翁和赤贫的依附者[1]。

他用了和莫泽及土雷盖尔一样的语言，他乡愁深重地回顾了农业的过往，斥责布尔乔亚功利文化的出现"违反自然"——这个词科贝特不断地重复，一再使用。他的反应不在于支持对现代化进行的保守性反抗，而是成为一个激烈的工联主义者。我之所以提到他主要是作为一个例子，来说明对布尔乔亚功利文化近似的情绪反应可以变成意识形态上同样极端的"左"或者"右"。

## （三）柯尔律治[2]

柯尔律治虽以诗名见世，他也是一个深刻的思想家和

---

[1] *The Political Register*, March 15, 1806.
[2] *On the Constitution of the Church and State*, Chapter 5. 柯尔律治的重要社会与政治著作有：*Aids to Reflection*（1825）；*On the Constitution of the Church and State*（1830）。

八 英、法两国的反现代化思想家(1780—1880)

英国第一个"生命哲学家"。他的哲学进向,基本上与士雷盖尔相似,只是因为不是专业的哲学家,他的哲学著作常是松懈、庞杂而格言式的。

比起科贝特来,柯氏对现代社会弥漫的无知、自利和新的机械"经济人"有更深的情绪性和直觉的反击。他最认真的哲学著作旨在从批判理性主义的持续破坏下拯救某些恒在的人类价值。他虽然与柏克一样富有宗教性,但因为比较年轻,所以他不能认定价值可仅赖于宗教虔诚而得以苟存。他的努力主要在于分辨"了解"和"思考":了解是一种"以感性为准的判断……我们据以自反和概推的能力",换言之,是一种实用的思考能力,亦即柏格森和梁漱溟称为"认知"的东西。思考是一种产生概念和理想的较高能力,那些概念和理想就算无法明示,却无论如何有确定的形式而不自相矛盾。这样的区分所企及的是:"了解"成了18世纪逻辑和科学的消极方面的贬抑通称;"思考"则为宗教信仰和个人理想(对科学经验主义而言是心理上的异域)的积极性标志,因此和基督教的虔信明显相连。和后来亚洲及欧洲方面反现代化批评者所做的一样,做这样的分辨的欲盖弥彰的效用是要从理性主义的破坏下给予道德与不朽的宗教理念以形而上的尊严。

在哲学领域里,柯氏的首要敌人是功利主义。他用一个极限性的质疑展开他的攻击:"难道对快乐及其因由而言,'善美'是一个多余的名词吗?难道它顶多只是一个表示快乐的持续及其程度的形容词吗?"他的回答是:"善美"的意义只能诉诸其普遍性的应用来予以确定,因为"善美"和快乐在文明世界的所有语言中都是有分别的,是故,它是"人之所以为人的共同意识的结果"。换言之,他诉诸一种直觉的普遍"良心"的存在,和王阳明的"良知"观念很是接近。

在社会批判方面,柯氏和德国浪漫派及其后的亚洲反现代化者的模式也相契合。他对法理社会、"掠夺的道德"和其他"违反自然"的现象大加奚落——那些都是他在他所处时代的英国所亲身体验的,也就是说:个人主义的自私撕毁了社会的经纬。

他虽然不欢迎现代化,却也并不认为可以在一念之间将它抹去。他的反应是从事另外一种有趣的区分,这种区分预示了19世纪较后流行的"文化"与"文明"的分野。

针对当时英国的种种外在的变迁——一种评估现代化所秉持的"重物质""轻精神"的态度,柯氏提出了与文化(culture)一词在拉丁文中系出同源的"栽培"(cultivation)这个概念。

虽然承认进步来自"文明"——他所意谓的在我的分析上就是"现代化",柯尔律治指出:

## 八 英、法两国的反现代化思想家(1780—1880)

> 但是文明本身是一个混合体……如果文明不是植基于教养,不建立在作为我们人性的特色的种种能力和品质的协调发展之上,它就成了败坏性的影响,病变的燥热,而不是健康的发展。

当然,柯氏选用生物学的而不用机械性的说法绝不是一个意外。他觉得现代化是"违反自然"的。但是,在每一个阶层都汲汲于搜寻钞票的时候,又有什么办法可以维持"栽培"的前提呢?柯氏建议成立一个新的叫"鸿儒院"的机构——这个机构事实上是将全国的人文学者正式地纳入体制,其目的是保存学术的成果,"将今日与过去加以联系",并使社会的每个成员了解自身的权力与职责。他是希望凭借一种由半教士式的人物投身于这个目标,以保存历史社会的完整性。他的这个计划和其他亚洲反现代化者的倡议也很类似。

值得注意的是他并不赋予英国文化以拯救世人的使命,也不证明英国文化的优越性。他并不和同时期德国浪漫派的人物一样是个民族主义者;而且也不认为现代化是一个外国人的方案或文化计划。

和柏克一样,柯氏对他所憎恨的社会、道德及心理方面的变迁与他所尊重的科技及经济进步两方面的内部关连性,是视若无睹的。就他而言,现代化是一种可以用强调

"教养"和体制予以抵消或加以弥补的东西，是一个可以做选拣性控制和塑造的过程，职是之故，他不认为有必要在物质利益与他意欲保守的事物之间做一选拣。

## （四）英国的浪漫诗人们

其他的英国浪漫派诗人如华兹华斯、布莱克（William Blake，1757—1827）、雪莱（Percy Bysshe Shelley，1792—1822）、骚塞（Robert Southey，1774—1843）等，虽然都不如柯尔律治那么的哲学化，但他们都和他一样希望能避免现代化的结果，同时努力于建立一个"文化"的理念。他们和柯氏一样对功利个人主义、庸俗的商业化人生把所有的人类关系简约为金钱关系等感到痛心的厌恶。他们进一步批评的语汇却有所不同。雪莱视英国开始经验的种种社会问题为现代化的产物——包括贫富悬殊和普遍的道德败坏——它们来自"精打细算能力的无限运用"，他指的是认知思考，或是柯氏所谓的"了解"。雪莱的《为诗辩护》(*A Defence of Poetry*) 总结了他对理智（科学）的态度，也提出了制约其影响的方法：

我们需要生命的诗篇，我们的计算超过了理念；

我们吃的多过于能加以消化的……在生命外在的物质积累远超过人们将它们吸收到人性中的能力的时代——这是自私与计算原则过度的结果——诗的教养之重要性是空前的[1]。

布莱克谈到"干涉性的理智"(meddling intellect)和柯尔律治与雪莱一样在思考与直觉的真知间做区分。所有这些诗人都强调乡野生活精神及道德上的超越性,与之相对比的则是都市——"商业心理"的中心。

## (五)卡莱尔

作为浪漫主义第二代的散文家和哲学家,卡莱尔(Thomas Carlyle, 1795—1881)可说是秉承主脉的。他惊人地、清晰地洞见了在布尔乔亚功利文化下一切人类关系都根本的经济化了——正如他的名句"现金交易是唯一的联系"。这带来了社会及个人自内而外的"机械化";如果道德还存在的话,顶多也成了对成效精打细算的卑下情绪的结果。

---

[1] Percy B. Shelley, *A Defence of Poetry*., in R.J.White, editor, *Political Tracts of Wordsworth, Coleridge and Shelley* (Cambridge, 1953), p. 202.

他指出了现代化带来的贫富悬殊，否认社会福祉能仅仅经由外部的政经立法而达到，认为唯一的办法是通过个人的道德教化，目前的统治阶级彻底地放弃了他们对社会的领导，因而大众再也得不到他们生活上的指引。和柯尔律治"鸿儒院"的主意类似，卡莱尔倡议建立一个"有机的文士阶级"。再一次，必须指出卡莱尔和大多数其他浪漫诗人对英国文化及其认定都是不甚关心的。他们思想上无疑地出现了"文化"这个概念——一种抽象的，作为对现代化种种问题的矫正器和解毒剂。这虽和日耳曼的文化概念相去不远，但他们并不将它指认成特别是英国的东西。

## （六）法国的"复辟论者"——梅斯特[1]、博纳尔德[2]和拉梅内[3]

在过去，这三个人中没有一个曾被视为和德国及英国的浪漫主义者有任何的关系，表面上他们和迄今讨论的反

---

[1] 梅斯特最重要的著作是：*Considérations sur la France*（1796）和 *Du Pape*（1819）。
[2] 博纳尔德的全集由 Abbe Migne 编纂，1859 年在巴黎出版，名为 *Oeuvres Completes*。
[3] 拉梅内很多产：他第一本有影响力的书是 *Tradition de l'église*（转下页）

## 八 英、法两国的反现代化思想家（1780—1880）

现代主义者共同点也不多。他们并未发展出"文化"的观念，也没有泛神论的倾向。特别是梅斯特（Joseph de Maistre, 1753—1821）和博纳尔德（L. G. A. de Bonald, 1754—1840），他们认定个人基本上是丑恶、好斗、破坏和自毁的；这点在一般浪漫主义者中也甚少回应。他们三个关心的只是法国大革命——在许多方面它都可说是启蒙的体现。革命实际上奉个人与理性为神，通过对自由、平等与民主的追求，这两大支柱也成了上述三人攻击的焦点。他们积极性的建议不外乎天主教与王朝的"复辟"。他们对理性与个人主义的攻击是密切配合的；可是他们也不是真正的非理性主义者。若说他们不信任个人的理性而依仗群体的理性，反而合适些。常理，有如常识，寓于一个超越的实体，体现于传统。那个超越的实体就是罗马教廷，其权威不但约束其信徒，也及于全人类。在这点上他们和柏克类似，但不一样的是他们在国家与社会间加以严格的区分，而只有后者才是神圣智慧的具体表现。和浪漫传统近似，他们明显地厌恶一个由计算私利的个人聚成的社会。博纳尔德说："单独的个人不是真正的人；社会不但不是个人造成的，

---

（接上页）*sur l'institution des évêques*（1814）；教宗直接诅咒的是他教宗至上论的著作 *Paroles d'un croyant*（1834）。他野心最大的一部著作是 *Esquisse d'une philosophie*（1840—1846）。

个人反而是由社会造成的；也就是说，社会通过社会教育造就了个人。"家庭是社会上最重要的单位，因为，它是社会秩序所建基的各种社会价值的源泉和"社会教育"的首要施行者。他们三个自然是离婚合法化和男女平权的强烈反对者，因为家庭是社会的缩影。这种对社会的强调遂产生了一种民众主义并对个人主义自由派有恶毒敌视，最起码这些在博纳尔德和拉梅内（Felicite de Lamennais, 1782—1854）的思想中几乎可说是一种社会主义的东西了。博纳尔德痛责布尔乔亚功利社会的非人化竞争致使弱肉强食。他总结道，只有天主教会才能组织一个合理的社会：其中有能力者有所节制，以使全体社会得享福祉，而弱者（或较不贪婪者）亦可生存。拉梅内本人从一个教宗至上论的僧侣出发，及至中年受到教宗的诅咒，我们见到的是一个复辟论者转变为一个社会主义者。他后期的思想和某些法国"乌托邦"社会主义者相当接近，特别类似的是蒲鲁东。正是拉梅内（他对个人主义的批评颇有先见）强调了个人主义对礼俗社会所产生的个人单元化（atomization）影响，结果自然会引致专制主义的国体——正如法国大革命过程中所发生的。尤有甚者，他在启蒙的个人主义中见到社会解体的先兆，这个解体，逻辑上只剩得国家成为秩序和组合存在的领域。他同时也明确指出民族国家理智化的过程（建立集中的官僚制度）以及个人的解放，都是所有非政治性结社——家庭、行会、教会、学校等的天然敌人，其最终结果是只剩下个人和国家成为仅有的单位。简言之，他在政治集权化中见到社会身受病痛的大部分根源。他有一句名言：中央集权在中心造成脑充血，在末端产生贫血症。

在拉梅内的著作中，社会的有机体论不如德国或英国的反现代化者那么明显，却和他所见的德国文化民族主义者略同。可是，当那些德国人热望保留被理智化摧毁的礼俗社会时，他们（部分上）却讽刺性地对普鲁士进行的理智化改革加以支持；那些改革事实上是普鲁士败于拿破仑后的反应。德国在1870年以前都是不存在的，我前面提到过，恰恰是德国的自惭形秽和政治上的积弱，才使得德国的知识分子对拉梅内洞悉的矛盾视若无睹。当然，另一部分原因是革命的结果，法国成了欧洲最集权的国家。

## （七）托克维尔

另一个意味深长的反对中央集权的19世纪思想家也是法国人，一个民主自由派，却毫无复辟派的心向。托克维尔（Alexis de Tocqueville, 1803—1859）对现代民族国家的性质的了解是和拉梅内一样着有先鞭的。他虽不是启蒙甚或法国革命的批评者，相信进向平等的运动远早于启蒙运动，且是不可避免的；他却清楚地见到国家集权、社会病态、个人主义和物质主义之间的关系。在他的名著《论美国的民主》(*De la démocratie en Amérique*) 一书中，托克维尔写道："非人的集权化政权的前景对布尔乔亚功利社会和其个人主义及对物质舒适的追求是有其吸引力的。个人主义与民主鼓励一种追求物质满足的口味，这种口味……很快地叫人相信只有物质才真存在；而物质主义，回过头来，又将他们疯狂地推向对同样口味的追求。"[1]

一个全能的、家长似的国家，指导人类的所有活动，满足个人的所有需要——这是一个自启蒙时代以来的普遍理想。时至今日在欧洲及全世界仍继续发展，有社会主义式的，也有资本主义式的。就托克维尔而言，作为其基础的个人主义"使每个国民倾向于把他自己从其同侪的大众中孤立起来"。这个过程"开始只腐蚀了公共生活的种种德性；从长远来看……攻击和摧毁所有的外物，最终归属于纯然的个体

---

[1] Alexis de Tocqueville, *Democracy in America*, 2 volumes, edited by Phillip Bradley (New York, 1945), Vol. 2, p. 145.

主义"[1]。托克维尔进一步辨明，朝向中央集权的必然趋势必将摧毁所有的非政治结社（和"复辟主义"所进行的谴责几乎完全一样）。职是之故，个人主义走火入魔的、符合逻辑的，却矛盾的结果是现代极权国家和现代福利国家。虽然只亲身观察了19世纪初的社会，他却直觉地从中见到了这种可能性：

> 观察中令人震惊的第一桩事是无限数量的人，既平等又相像，不断地努力寻求鸡毛蒜皮式的享乐，以之填塞生命。他们每一个，单独自处，与其他任何人的命运漠不相关……在这群人之上则屹立着一个无边的守护神，它全凭了自己来满足他们的要求，照顾他们的命运。这个力量是绝对的、微细的、常在的、深虑而远谋的……在它有效地将社区的每个成员紧紧掌握并随心塑造之后，这个超绝的力量把臂膀伸向了全社会；它以微小复杂的规章之网覆盖了社会的表层，微细、一致……[2]

最后，我愿指出这个民主自由派在民族国家的逻辑中

---

[1] Alexis de Tocqueville, *Democracy in America*, 2 volumes, edited by Phillip Bradley (New York, 1945), Vol. 2, p. 224.
[2] 同上，p. 300。

见到官僚化国家体制的不可避免性及其特有的对外"靠战争"、在内"用中央集权"的扩张趋势:

> 一个集中的社会力量在特定的时间和定点上能有效地执行大规模的行动,在战争中尤其如此。战争胜败越来越取决于将全国资源向一定点转移的手段……是故,主要在战时,各国渴望——也经常需要——增加中央政府的力量。所有的军事天才都中意中央集权,因为那增添他们的力量;而所有的集权天才都中意战争,因为战争强迫国民集结他们所有的力量置于政府的手中。[1]

托克维尔同时是一个典型的反现代主义者。他反对中央集权和国家权力的增长,见到它们和物质主义与社会病态的联系,但他终究未能直接地反对启蒙原则中的个人主义、民主与平等,尽管他能洞见也遣责其不可避免的恶果。在这点上,他和德国浪漫派类似:他们是理智化的德国民族国家的支持者,同时又是这理智化的民族国家不可避免要摧毁的礼俗社会、道德意识的斗士。

---

[1] Alexis de Tocqueville, *Democracy in America*, 2 volumes, edited by Phillip Bradley (New York, 1945), Vol. 2, p. 300.

# 九 斯拉夫主义者

斯拉夫主义主要是1840年到1860年在俄国盛极一时且内容广泛的思想派别，其思想持续到了20世纪。当时的俄国有包括斯拉夫主义在内三种相互竞争着的意识形态，另外两个一是西化派，或称现代化派，由赫尔岑（Alexander Herzen，1812—1870）和别林斯基（V. B. Belinski，1811—1848）所倡导；另一派是保守的"正统国家派"，是为官方的国家教条，其主要人物有科门也科夫（Aleksei Khomiakov，1804—1866）、伊凡·契里夫斯基（Ivan Kireevski，1806—1857）、彼得·契里夫斯基（Peter Kireevski，1808—1856）、康士坦丁·阿克萨科夫（Konstantin Aksakov，1819—1860）、伊凡·阿克萨科夫（Ivan Aksakov，1823—1886）和萨马林（Iurii Samarin，1819—1876）。

依据某些学者的意见，斯拉夫主义运动包含了后来主张俄罗斯超越于西方的斗士如丹尼里夫斯基、陀思妥耶夫斯基和莱蒙托夫，他们以确定俄罗斯的真性，其在世界上的地位（几乎整个是它与西方的关系）及其历史使命的特性作为个人的职责。斯拉夫主义的反应是世界上第一个使用"西方世界"这个概念来代表"非我族类",作为议定本土文化时的一个相对照的反面存在。尽管在德国文化民族主义的想法中多少也有类似的现象[由法国来扮演那个"非我族类"(the "other")的角色],唯独在斯拉夫主义的思想中,这个两面的过程才明晰可辨。尤有甚者,许多亚洲的反现代义理在其运用一元式的"西方"来作为"他者"的代表这点上,是和斯拉夫主义非常近似的。正如亚洲人日后之所为,恰恰是在代表"西方"的那些确认了的因素相对照下,为俄罗斯澄清了他们文化的精义。是故,我在斯拉夫主义的义理上想说得多些,尽管其内容基本上和日耳曼文化民族主义与法国复辟派出入不大。

19世纪的俄罗斯,其经济、政治和军事方面的力量比起西方是绝对不如的。像德国一样,它是个落后、贫穷的农业国。是故,它和西方的关系与浪漫主义方兴之际的德国是相似的。19世纪初,德国浪漫思想抵达俄国是受到大多数俄罗斯人普遍欢迎的,这并不只限于斯拉夫主义者而已。像在欧洲其他地方一样,这刺激了对语言、俗文学和历史研究的新兴趣。斯拉夫主义这个词本身第一次使用就是拿来描写一位俄国早期的语言学家希什科夫(Alexander Shishkov,1754—1841)的。然希氏本身并不是斯拉夫主

九 斯拉夫主义者

义者的真正一员。他和他的团体为了保存斯拉夫语言的纯粹性，避免使用外来语，转而使用以古斯拉夫语为根的语词；这和同时期中欧地区所进行的同类研究恰相平行。斯拉夫主义者阅读德国浪漫派的大部分著作——费希特、谢林、希勒格和黑格尔——这对他们的思想之成形影响甚大。这种不表明出处的引借德国浪漫主义，其发生时间是相当有讽刺性的：当时西欧的浪漫思潮已经开始衰弱，代之而起的重要的潮流是与之相反的唯物主义、实证主义等意识形态。因之，斯拉夫主义者是以源自西方的浪漫思想的范畴来讽刺性地责难西方。事实上，斯拉夫主义者就俄罗斯—西方关系的处理方式和浪漫派及复辟派的分析全然平行，只不过，斯拉夫主义者用"西方"取代了"启蒙"；用"俄罗斯"取代了浪漫派与复辟派的"中古"。

斯拉夫主义的理论围绕了一个典型浪漫的观念："有机的共处"是理想的人类生存条件——"共处"也者源自俄语的一个动词"sobirat"，意谓"来到一起"。科门也科夫用"sobernost"来表示"基督之爱、和平、协调之上的自由与自愿的整合"。他们从俄罗斯的农村公社（mir）和东正教会中见到这种独特的品质深寓于古代俄罗斯社会。

换言之，他们视俄罗斯社会为礼俗社会，而西方则为法理社会；他们，如西欧反现代主义者所主张的，深怕社会的个人单元化造成了孤立、不道德及相互仇视的个人。像西欧的浪漫主义者们（如柯尔律治）将"了解"和"思考"加以分辨一样，科门也科夫在"零星的了解"（俄语"rassudok"）和"整体的思考"或"虔信的思索"（俄语"razum"）之间加以分别。伊凡·契里夫斯基则建议用"信仰思考"（veruiuschchee myshlenie）一词，代表进向精神整全的绝对指引。科门也科夫主张"零星的了解"脱离了虔信的运用，将人们分离，而"虔信的思索"的运用则将人们带到公有的意识中结合在一起。[1]

## （一）斯拉夫主义思想中的西方世界

斯拉夫主义者比西欧的反现代主义者要有系统得多，他们认定整个西方的历史经验基本上有异于俄罗斯。他们有这么一个概念：认为"西方世界"的文化产品及特征是其隐含的基本原则的产物；这些原则与俄罗斯文化的基本原则完全相左——这个想法和许多后起的亚洲及现代思潮直接平行。近代西方文化的所有特性为片面的"理性主义"

---

[1] *Russian Philosophy*, 2 Volumes, edited by James M.Edie, et.al.(Chicago,1965), Volume 1, pp.161, 168-169, 174-182, 196-198, 207-208, 231.

（rassudok）这个隐含原则的必然结果。西方历史恰恰是把这种邪恶的精神原则作为其基础所产生的必然现象。这种原则远在极早的时期已经有了骇人的发展，它早已体现在古希腊及罗马的文化中，由法制的与理智的罗马传于罗马天主教会，新教不过是天主教注定的辩证性结果——其根本的原则并无两样。启蒙运动是理性主义进一步的发展。当代西欧文化与社会所有贬损人性的特征——个人主义、法制主义、社会的单元化、非宗教、反道德、唯物主义、商业化、官僚化、集权化、都市化、非人化、工业主义等，都是这同一个原则的必然结果。

俄罗斯文化，最起码在它最纯正的形式上具备了相反的特性——公社主义、精神至上、宗教化、"共处"等，因其所建基的原则是"虔信的思索""整合的思考""整全真理"及其表现，即东正教教会。

既然俄罗斯和西欧文化都是信仰基督的，斯拉夫主义者又如何解释俄罗斯文化的特殊发展呢？它又是怎样保有了"整合理性"的呢？他们的回答似乎是：直到 10 世纪后才并合成一个文化实体的俄罗斯，其文化传承并不包含希腊与罗马。伊凡·契里夫斯基对这一理论做了总结：

这个古代异教的古典世界，在其精髓上代表了人类形式化理智对其内及其外任何事物的胜利；俄罗斯则缺少这个传承。这个纯粹的、赤裸裸的理性以其自身为基础，在其本身之上或之外它什么都不认同。……罗马教会以其自东方而来的异端邪说恰是以这同样的理智胜过传统，外在理性胜过内在精神理解……独具慧眼的头脑可以预见……欧洲今日的整个命运即此一误谬原则的结果。工业主义作为社会生活的泉源，建立在私利上的善心……拿破仑，没有灵魂的精打细算的理想……[1]

大部分斯拉夫主义的理论都以俄罗斯—西方的相对为二分概念的基础：西方是"法制"的，俄罗斯是"道德的"；西方是个人主义的，俄罗斯是"共产主义的"；西方是物质的，俄罗斯是精神的，等等。因为他们在情绪上紧密地依赖着"俄罗斯"作为一个实体，遂无视于同样的二分在西欧及现代化思潮中出现的事实。他们否认与西方思想家间的任何基本关联。例如阿克萨科夫就辩称，斯拉夫主义者与日耳曼浪漫派间绝无相通之处。只有一两个例子，靠了洞悉力的灵光一闪，避开了情绪之障，才有极少数人见出

---

[1] 引文见 Nicholas V.Riasanovsky, *Russia and the West in the Teachings of the Slavophiles* (Cambridge, Mass., 1952), pp.178-179 所引。

了这样的类比。萨马林在阅读托克维尔法文本的《古代政权与革命》时，曾用铅笔记下了如下的眉批：托克维尔及其他人是"西方的斯拉夫主义者，他们每一个人，在他们的基本信念和终极要求等方面"，其接近我们的程度远胜于我们本国的"西化派"。

从斯拉夫主义者特别对之攻击的敌人来看，也证明他们二分法的逻辑。我们立即可以发现：他们恰恰以同样的方式对现代化的某些势力做出如西方反现代化者一模一样的反应。拿法律为例，斯拉夫主义者痛恨法律、法理思考、胁迫与暴力；所有这些都归于西方社会的属性。他们以为风习、仲裁和道德教育远比成文法、宪法与契约为优越；法律与道德相对照是他们意识形态中很普遍的二分。事实上，他们以为政治力量和政治本身具有恶性的本质。他们反对任何正式的、法制的"机械性"政治，认为社会本身应靠其风习与传统加以维持，农村公社、镇公所和家庭是他们视以为达到"虔信的思索"的体制。"虔信思索"植根于人们在爱中弃绝个人主义与自我主义的意愿，家庭则为社会的基本单位，教育人们如何相爱，如何做一个人。家庭也是所有社会组织的理想模型：用自发的相互情爱以团结人们的一种自然结社，而农村公社和手艺人行会的规模虽大，原则却相似。理想的社会是家庭的扩大，政府、政治、法律与暴力是基本上丑恶的东西。

俄罗斯体制的理想是农村公社,俄罗斯生命的灵魂在于乡间。对斯拉夫主义者而言,乡民是俄罗斯的化身。他们坚称,乡民不是一个阶级,因为阶级本身是一个西方现象,与俄罗斯精神不合。斯拉夫主义者对住在都会的、俄国受新式教育的精英是极度不信任的,他们彻底地仇视都市、资本家和商业化。尽管他们本身属于地主阶级,所有的斯拉夫主义者都无条件地反对农奴,并主张地主将土地发放给农民。唯物与法制化等西方承袭的罗马式财产观念,在俄国并不适用。在俄罗斯先是人,再谈财产——在他们的方案中,实际上成功而被政府加以采用的就是这一部分;1861年的改革法案取消了农奴制,农民领取了土地,农村公社也被确认为基本的农村单位。

## (二) 公社

这是一个拥有土地并将之分割给成员,并在公众会议中处置自身事务的机构。19世纪一般的强烈意见——特别是政治自由派和"西化论者"——以为它是僵化个人创意、妨碍农业发展、阻滞一般进步的老朽制度。斯拉夫主义者当然是这种意见的首先反对者,因为公社对他们而言乃俄

## 九 斯拉夫主义者

罗斯的精髓,"虔信的思索"的最佳例子。

很自然地,他们坚信任何国家的干涉——以其法制官僚的方式——就算其意在助之反而害之。康士坦丁·阿克萨科夫写道:

> 无疑地,人们道德自由的产物(公社)不应被围在行政制度的高墙之内,正如不应用铁圈束缚新生的树苗,也不应该怕它被风吹弯曲而用桩子插到树心,那样做是愚蠢的。[1]

几乎是一个世纪后,一个中国反对法律与官僚体系的健将梁漱溟,用铁钩和豆腐的例子比喻中国的乡间和政府,他的意思和康士坦丁·阿克萨科夫所表述的完全一样[2]。

斯拉夫主义者以及许多亚洲的现代化批评者觉得用法律来规定公社及其功能的企图是荒诞的。他们以为政府支持的改良——如计划中要引进的多数事物——必定会造成无可估量的灾害;因为它们都是粗鄙唯物的西方的产物。

---

[1] 引文见 Nicholas V.Riasanovsky, *Russia and the West in the Teachings of the Slavophiles* (Cambridge, Mass., 1952), pp.178-179 所引。
[2] 梁漱溟:《中国民族自救运动之最后觉悟》(上海,1932),272 页。

## （三）俄罗斯的使命

尽管一般而言斯拉夫主义者对西方的意见都是排斥性的，间或他们也承认它有些优点。科门也科夫把西方称为"圣迹之地"（the land of holy miracles）是特别著名的。有时候他们准备承认真信（东正教）的闪光有可能为垂死的西方带回生命。他们似乎摇摆在预测西方的毁弃和将西方纳入俄罗斯及其文化这两者之间。斯拉夫主义者可以确定的是，西方的角色属于过去，将来是俄罗斯的。

> 愁、惨迎我而来！黑暗落在遥远的西方，圣迹之地呀！往时的众日燃尽而黯然，大星坠落……啊！时不我予，整个西方覆被了寿衣；其暗愈益深沉……听命运之呼唤，在新的光灿里耀出，醒来吧，沉睡的东方！[1]

这种高唱东方的复苏以取代和拯救败坏垂死的西方的

---

[1] Khomiakov, *Riasanovsky*, p.118.

## 九 斯拉夫主义者

诗篇，只是无数这类诗歌的第一首。

俄罗斯是一个道德上优越的国家，据有了那种西方只能求之于梦想的欢愉和有机的生活。俄罗斯人对其道德状态是从不自足的，永远企望一个更完美的道德境界，真正的俄罗斯生活是一种不断力争道德完美的生活。然而，无疑地，邪恶的俄罗斯人是存在的，当前俄罗斯社会也绝不普遍地表征了"虔信的思索"或"整合的理性"的。那么，俄罗斯又如何实现其作为人类拯救者的使命呢？在这里，非西方的反现代主义的中心观念"文化复兴"遂发生了作用。这个主意，早经西欧浪漫思想家打造出轮廓，终将成为亚洲对西方与现代化进行批评者的普遍特点。斯拉夫主义者主张，古代俄罗斯虽保有真理的原则，却对自身及其使命认识不清。"古代俄罗斯，有理智却缺乏自觉"，是故，斯拉夫主义者的使命即在于唤醒这种对自我不可或缺的自觉，那才是俄罗斯人民的真正力量：

> 那么古俄罗斯将在启明与和霭的方式中再生，在团结家长式的淳美地方生活的社会里，添加代表着道德与基督属性的国家的深邃意义；而它将自觉……充满生命、有机的力量，不再徘徊于生死之间。

## (四) 斯拉夫主义思想的矛盾

斯拉夫主义的立场有两组固有的矛盾：他们对科技、经济成长及工业的态度以及他们对"真"基督精神（也就是俄罗斯东正教会）与西方世界关系的解释。这两组矛盾已经隐含在浪漫派的反现代化批评之中，却也是后来出现在亚洲地区的批评的特点，只是形态稍有差异而已。

第一组矛盾是他们对科学、技术，以及将科技运用于经济生产、工业上的态度。整个斯拉夫主义的依归是认为俄罗斯社会可以维持为一个农业社会；他们对都市化、资本主义、现代工业及其影响痛加针砭。他们认为，工业是整个西方所依据的"理性主义"的必然结果。西方一旦接受了这个理性主义的原则，即可获致可怕的权势，如是便决定了整个西方历史的悲惨前途。

> 因为这是那逻辑机制的本质：那称之为理性主义的"自动推进的刀子"，一旦人们将之接受到思考的核心，进入宗教理性的高层领域，它必定排斥与摧毁任何生长中的自然之物，即所谓灵魂中全部的有机质被

## 九 斯拉夫主义者

抛在它背后,剩下的只不过是死气沉沉的沙漠。[1]

西方的技术改进及惊人的经济发展也完全合于理性主义隐含的原则;它的终极结果虽属毁灭性的,对人类社会却产生极大的暂时性鼓励。伊凡·契里夫斯基在他的《哲学的新原则》中,这么写道:

> 将精神的整体破为碎片,并置真理最高意识于分离的逻辑思考之中;人类在其意识的深处丧失了所有与真实的联系,他自己在世上成了抽象的存在……只有一件事对人类是重要的,那就是工业。对他而言,生存的现实只是他的物理存在。工业统治这个世界,既无虔信亦无诗情;在我们的时代里,它结合人们也拆散人们;它决定一个人的祖国,划分阶级;作为国家结构的根基,它左右各国……改变民德,指导科学的进向,也决定文化的特征。人们在它面前膜拜,为它立庙奉祠;这是人们真诚信赖、委身与之的唯一神

---

[1] Nicholas V. Riasanovsky, *Rwssia and the West in the Teachings of the Slavophiles* (Cambridge, Mass., 1952), p.92.

祇；无私的品行成了令人无法想象的东西。[1]

但是，斯拉夫主义者对工业与科技的产品却绝不是否定的，他们无一例外的都是"进步地主"，他们赞同并亲自引进多种西方科技与机械发明。例如阿克萨科夫，他就经常公开提倡扩张铁路，通过开采新矿等方式进一步开发俄国的自然资源等。斯拉夫主义者隐约地认为这些科技与经济的改进是作为理性主义直接结果的西方文化的产品，他们是提倡引借的。他们一边主张这种先天邪恶、必然衰败的西方引借，一边又呼吁复兴俄罗斯彼得大帝时代以前的本土文化。他们如何为他们这种矛盾自辩呢？没有一个斯拉夫主义者特别在这矛盾上表明其立场，但他们对这问题隐然的答复似乎是：既然俄罗斯在逻辑上超越于西方（相对于它在科技与经济方面极端且明显地落后于西方，致使有引借之必要），俄罗斯就可以自由地引借这些作为西方理性主义原则的"物质"成果，而不至于危害自身的"精神"文化；而其自身"整合的理性"的根本原则也不会受到影响。刚好大部分日后的非西方现代化批评者在这一类的自我认

---

[1] 引自 *Russian Philosophy*, Volume 1, p.195。

## 九　斯拉夫主义者

定之上，也建立了他们的理论。他们宣称他们的文化在精神上优于西方，或最起码他们的文化在精神上与西方文化"有异"，或是"相等"。在他们所有的理论型构中，非西方的现代化批评者宣称他们的文化能维持他们的文化优越（或平等）的独特性；同时也可借选择性地引进西方物质文化而得到物质进步。例如在中国19世纪，"体""用"之别被用来为向西方引借做辩解即为一例。"体"乃中国文化之精髓，"用"者不过西方的科学与技术。后来，到了20世纪，一般的中国公式变成了提倡"融合"中西文化，其含义为中国文化在某些方面优于西方，于是乎选取"中西双方之精华"，将可创建一个新而超绝的文化。

在所有的亚洲现代化批评中，这种本土文化、西方文化混合或融合的结果会给予本土文化以西方控制自然的装备，但同时使本土文化维持其高度精神性；其"精神的文化"，或最起码某些文化因子会为他们提供有异于西方的文化辨识。和斯拉夫主义者一样，许多亚洲评论者把文化描绘为"有机的"，由相关部分组成的整体，也是某一或某些基本原则的逻辑发展——以俄罗斯斯拉夫主义为例，西方文化的原则为理智化，比起俄罗斯文化的"虔信的思索"的隐含原则是先天低劣的。要是文化真是个"整体"，一个隐含原则的逻辑地与必要地发展，那么一个建基于相反或矛盾根本原则上的文化，怎能引进并适应于其反对者的文化产品呢？——非西方的现代化批评者中只有极少数几个是前后一致的；至于反对引借西方物质文明的，只有印度的甘地、中国的倭仁和辜鸿铭是那样。

另外一个描述这同样矛盾的方法就是回归到韦伯的卓见，认为官僚化事实上是将科学的原则应用到社会与政治领域，无论是应用于自然——其结果是科学进步、技术革新和机器生产，或是应用到社会与政治的领域——其结果是官僚化及非政治性结社的毁弃，理智化的过程基本上是同样的。斯拉夫主义者及其他现代化的批评者总是希望获得现代化的经济果实而同时避免其在社会、政治领域的其他影响。换言之，他们试图把理性主义与科学分离，而科学恰恰是应用理性以理解和控制自然而已。

斯拉夫主义思想的第二个矛盾是一种共相与殊相间的矛盾。基督教——以其东正教和罗马公教的形式——是一个普遍超越、声称属于人类全体的宗教。斯拉夫主义者确认俄罗斯的使命是有普遍意义的，也是以拯救全球为职责的。他们宣称，依据基督教的真精神建立一个新社会是俄罗斯的历史命运。但是这些基督教的普遍真理，正恰恰因为它们是普遍的，它们不能特殊地限定于任何一个国家或文化。如果这些价值果真是普遍的，说它们是俄罗斯独具的又是什么意思呢？以一个普遍的价值来界定一个俄罗斯的实体，行得通吗？

换个方式来讲，斯拉夫主义的普遍主义并不真正认可人类的共通属性可以用全人类的同等价值作为统一的基础。相反地，它强调的是民族间的差异，声称俄罗斯是被特别挑选出来的民族，把真原则加诸全人类而予以拯救。

我们打一个适于斯拉夫主义有机哲学的比方：如果说文化隐含的原则是种子，那个种子长出的树就是文化；那么在最终的分析上，各民族有成果的结合，其可能性即如各种树的联合，一棵包括全人类的树之可能，只有以种子的杂交行之，果如其然，那树也就本质上不是什么特别的俄罗斯的树了。

## （五）泛斯拉夫主义与斯拉夫主义者

在结束斯拉夫主义者的讨论前，我们应注意到在他们死后其种种主义产生的回归性的讽刺高潮；因为斯拉夫主义的最终命运及特异的讽刺性恰与日耳曼、印度、日本、中国、伊斯兰等其他文化民族主义的命运相平行。斯拉夫主义理论的大部分因素（其中我强调的是基本上的非国家主义，事实上，他们对作为一个机构的民族国家存在着不可协调的痛恨）后来竟被后代极端的俄国民族主义者所吸收，且被用来为俄罗斯民族国家的利益服务。斯拉夫主义者最直接的后继者竟是极端国家主义的泛斯拉夫运动。

在1860年重要的斯拉夫主义者死后，他们的想法在许多重要的俄罗斯思想家中继续了下来，如陀思妥耶夫斯基和托尔斯泰。这一系可说继续到今天的人物和近年诺贝尔奖的得主索尔仁尼琴的身上。陀思妥耶夫斯基的想法和斯拉夫主义者非常相似。他对西方彻底的批评，和对之爱恨相交的情绪态度，在新教与天主教原则间的立场，他对西方历史联结的、有机的本质的强调，基本上全部与斯拉夫主义的论点相似[1]。他和他们一样相信，俄罗斯——大斯拉夫民族——保有了终极真理的基本原则，这些原则将带领全人类获得快乐与和谐——这也就是所谓俄罗斯的救世事业。但是，陀思妥耶夫斯基却真是个俄国国家主义者，全然与俄国国家的国际野心相一致。斯拉夫主义者如我此前

---

[1] 陀思妥耶夫斯基的国家主义与斯拉夫主义理念可在他非小说一类的著作如 *The Diary of a Writer* (translated by Boris Brasol), 2 volumes (New York, 1949) 和他著名的 "Pushkin Address" 中找到。在小说中他也表现了对俄罗斯弥赛亚主义的斯拉夫主义式的虔信，如其小说《被鬼附身者》中 Shatov 和 Nikolai Stavrogin 间的讨论，前者代表的即为斯拉夫主义的观点（见《被鬼附身者》，二卷一章）。

九 斯拉夫主义者

一再指出的,认为国家虽然是必需的,却基本上是丑恶的东西,然而他们教义的命运——正如所有其他国家的浪漫文化及反国家的种种学说——却变成了俄国国家主义义理的一部分。

话可又要说回来,就算在俄国,斯拉夫主义者的反现代思想在政治光谱的最极端,两边都同样能找到反响。一方面,他们的想法很容易地被许多后来的右翼思想家和政治家所吸收,如波比耶多诺斯切夫(Konstantin Pobiedonostsev,1827—1907)即为一例;另一方面,斯拉夫主义理论也是激进民众主义民粹运动的主要的激发物。这些农民大众革命家(称为纳罗尼奇"Narodniki",源于俄语"narod","人民"的意思)认为俄国独有的社会组织——农村公社和手艺人的合作社(artel),可令俄国不经资本主义发展的阶段,直接进入社会主义。1870年,成千上万的青年知识分子伪装成农民,以两个或三个人为一组"到民间去",深入乡村传播他们革命的教义,他们革命的教义则直接受了斯拉夫主义者的影响。和斯拉夫主义者一样,他们强调,相对于青年俄国及衰老的西欧,农村公社是俄罗斯的精髓和救赎。可是,他们并不强调宗教,而在不少的方面他们的思想和原先的斯拉夫主义也有不同。

然而,斯拉夫主义者的直接后裔却是那些极端俄国国家主义者,特别是那些泛斯拉夫运动中的成员——泛斯拉夫主义是斯拉夫语系各民族(俄罗斯人、波兰人、捷克人、斯洛伐克人、克罗地亚人、塞尔维亚人等)之间的一个运动,他们肯定他们的文化,有时也表示要求政治上的统治。看起来似乎是矛盾的,一个视民族国家为敌的反现代化理论竟至于演化成了为一个民族国家帝国主义利益服务的高潮;但是,这又恰恰是许多这类反现代意识形态所走的道路。例如,泛日耳曼主义,就是直接以日耳曼浪漫派的想法来创造它的意识形态的。19世纪末,日耳曼联盟(一个强调德国"百姓"同文同种的正式组织)就鼓吹一种侵略性的殖民政策,同时把英国视为德国建立其殖民帝国的头号敌人。20世纪30年代,泛日耳曼主义成了希特勒第三帝国的官方信条,成了希特勒征服全欧的理论基础。

# 十 19世纪末西欧的反现代化思潮

19世纪后半叶全欧各国都可见到批评现代化这种"传统"的持续。由于篇幅关系，我们只简短地谈谈少数最重要的人物。不管怎样，这类批判正反两方的内容并不因时间而有基本上的改变，是故，我们仍能就西方的这个现象做出某些有效的通论，然后再察看非西方的类似批评。现代化的批评者大多只专注于现代化过程所产生的影响的一个或两个方面：道德、艺术、日常生活、人群关系等，历史学家过去也把他们置于不同的标识之下，如"反工业"或"宗教式"思想等。可是，我以为，这些人物都具有一种基本的立场和隐含的人性态度，我相信这个预设是合理的。

## （一）纽曼大主教和阿诺德

在英国，一些思想家跟随卡莱尔、柏克等留下的道路从事建立一个"文化"的概念。纽曼大主教（Cardinal John

Henry Newman, 1801—1890）[1]和阿诺德（Matthew Arnold, 1822—1888）[2]继续发展了柯尔律治关于将某些道德和理智活动与现代化过程相分离的观念。纽曼大主教针对认为教育不过是训练人在社会中执行某种技能的功利想法，而为大学教育提出了一个新的功能：熏陶"完善"，他明白大学教育将影响整个文化的发展。在一定的意义上，他著名的《大学教育的理念》一文是继续了柯尔律治"鸿儒院"这个主意。作为一个天主教的教士，他大部分写作专注于对宗教信仰进行理性批评引发的诸般问题。有如柯尔

---

[1] 纽曼著作的现代版本由 C. F. Harrold 编纂，他最重要的著作是 *As Essay in Aid of a Grammar of Assent* (New York, 1947) 和 *The Idea of a University* (New York, 1947)。在前者，他建立了关于"推断力"的理论，为的是说明非正式判断的确实性。是故，他论道推断力只是非常普通的应用思考的总称，指的是进行具体思考，达到推理的结论以及对具体实现推出之意见予以确认时所包含的思考运作。对现实具体之推理的有效性，其唯一与最终的判断取决于个人判断能力的活动；其完善性与优点称为"推断力"。"进行思考的是大脑，是它控制了思考，不是任何意见或语文的技术性装置，这种做结论与判断的力量达到极致，我称之为推断力"（上书，第九章）。就是在这样的基础上，纽曼建构了一个宗教确定性的理论。

[2] 阿诺德关于作为社会理念的"文化"之重要性的最重要著作是 *Culture and Anarchy* (London, 1869)。是书中，他将文化定义为：以增加知识来进行的对吾人全般完善的追求，知悉最为吾人关心的一切，知悉世上最佳的话语与思想；通过这些知识，在吾人日常的成见与习惯上开通了鲜活自由的思想交流。

## 十 19世纪末西欧的反现代化思潮

律治——事实上所有的反现代化批评——他企图分辨"纯粹理性主义",纽曼称为"形式思考"和他所谓的"推断力"(illative sense)。一方面,他的"推断力",指的是一个人在研究一些具体事物时所培育出来的理智与素养,但这个观念也用于在批判理性主义猛攻之下保护宗教。虽然纽曼觉得基督教必将成长和改变,他却不是道德相对主义者。他主张作为人类制度的教会必须有所改变,是依据了基督教的绝对价值来判断是非的。

至于阿诺德,他像纽曼一样是一个现代化及其影响的批评者,他试图用"文化"来代替宗教作为绝对价值的基础。阿诺德把"文化""文明"分开,他认为后者是外在的和机械的,它过度高估机器的价值,且把目的和手段颠倒——他说的就是"现代化"。和纽曼不同的是,他不把对现代化社会的批评置于宗教的绝对性上,阿诺德承认人类理性的称霸会摧毁种种制度上的价值。他的"文化"的观念,虽然看起来像是绝对的,实际上并无绝对的基础。

### (二)普金、罗斯金与莫里斯

虽然普金(A.W. Pugin, 1812—1852)、**罗斯金**(John Ruskin, 1819—1900)与莫里斯(William Morris, 1834—

1896）这三个英国作家在其反对现代化及对现代化进行攻击的方式这两方面和早于他们的批评者差别不大，但在第三个方面却把他们三个和卡莱尔及纽曼区分开来：第一，他们从艺术及美学的立场攻击现代化，而不是从宗教或哲学方面；第二，他们所反映的本体不是现代化种种影响的潜在性，而是19世纪晚期的英国，一个实实在在充分发展了的工业社会及其具体的特征；第三，他们三个都提倡某种形式的社会主义，这点我也曾经提过，是现代化批判的必然高潮之一。他们和马克思主义者共有的观点是认为一个社会的艺术紧密也必然地和文化全体相连。他们三个全都直指布尔乔亚功利文化丑恶、非人的种种影响——工人退化成为机器而没有表达自身的自由；所有事物（包括宗教与艺术）卑陋地商业化；自然美的破坏与艺术的猥琐化，他们攻击现代都市的种种病态、贫穷、丑恶与无情。对他们而言，所有的现代文明都植根于自私、个人主义的放纵与物质主义之中。再者，他们宣称这些问题和布尔乔亚的展望密切相关。尽管他们的商业习惯和贪婪最后甚至终必摧毁每个布尔乔亚都认为有价值的东西，他们还是不愿意改变他们作为一个阶级的种种行为。

他们批评的中心概念是"有机的"（与"机械的"相对照）和"整体的"（与"零碎的"相对照）。他们对机器和机器产品或是爱恨交加，或是刻骨痛恨，因为它们分裂了也机械化了人类生活本身。莫里斯，一个基尔特社会主义运动的领袖，倡议回归中古的艺匠精神作为出路（在三人的思想中，中古都是完善的根本标准）。他们价值的最终尺度就是"生活"；经济生活不应该是一个为生产而生产的过程，而工业化社会中则偏偏是如此。相反地，经济生产应为人们生活的真切需要而服务。

这三位之所以重要也因为他们都认为艺术是一种独立于（也应因之而受保护于）现代化过程外的种种价值的特殊宝库。

## （三）19世纪末的德、法与意大利

19世纪下半叶，德国产生了好几位深刻的反现代化哲学家，如叔本华及尼采；他们的哲学中，艺术亦扮演了重要的角色，但两者都绝不是文化民族主义者。相反地，他们的反现代批评是在相当超越的层次上来表达的。他们不过是将启蒙以来的诸般原则推到其逻辑的终结，他们两个都宣称，所有的人类价值都是没有价值的。叔本华这么问道："存在到底有什么意义吗？"他的答案是不成熟的，也太固执在基督教的禁欲理想之中，留存了对上帝的信仰的回响。尼采则为强有力而透彻得多的思想家,他将启蒙的种种逻辑上的隐义思考透彻,至于令人恐惧的结局:"我们看得深进一步,我们的价值进一步消失——全然的无意义也近了一步。"[1]尼采是一个深邃、复杂和矛盾的思想家,此处不作多谈。需要指出的是他思想的某些侧面无疑属于现代化批判的传统,但作为一个整体看他的思想则是别具一格的,实在无法归类。比诸他同时代的任何人,尼采更清晰地见到以西方种种理想与价值为根基而衍生的现代化处境的进退维谷,唯一可能的结果就是:虚无主义。"为什么虚无主义的前来是必然的呢?因为我们迄今所保有的种种价值到达了它最终的结果;因为虚无主义体现了我们种种伟大与价值的终极逻辑答案。"[2]尼采当然见到耿耿于回归前启蒙诸时代是于事无补的,他既不提倡文化复兴方案,没有乡民式的理想,也没有宗教的重兴。我之所以提他,也许是很讽刺的。许多非西方反现代化思想家后来也和尼采得到一样的结论:西方文明不可避免的逻辑的终端是虚无主义,人类生活所在价值与意义将彻底毁弃。

---

[1] Friedrich Nietzsche, *The Will to Power*, translated by Walter Kaufmann and R. J. Hollingsale (New York, 1967), p.326.
[2] 同上, p.4。

## 十　19世纪末西欧的反现代化思潮

此外，在一群德国文化民族主义思想家的思想中，艺术也再次成了批评现代化的一个重要范畴。布鲁克（Moeller van den Bruck，1876—1924）、朗本（Julius Langbehn，1851—1907）和拉加德（Paul de Lagarde，1827—1891）[1]等是德国文化民族主义者（费希特、赫德等人）的直接后续，也是尼采主义的先行者。他们的思想在前代浪漫国家主义的源起上加上达尔文生存竞争的观念，由是产生了一种非道德的国家主义：他们谴责现代社会的每一方面——物质主义、都市的精神空虚、商业化的人生、德性的丧失和宗教及道德价值的沦亡等。但是，有如他们浪漫派的先祖，他们力促一个更加强大的民族国家和更大的国家权威，却从来也没有发现反现代化与国家主义之间的矛盾。他们自耽于对早年农村社会清洁生活回想的乡愁之中，和浪漫派一样，然而却对民族国家及国家主义中固有的对那一切的摧毁性视而不见。他们是帝国主义或国家扩张主义的同党，也是暴力的崇拜者，他们用社会达尔文主义为之辩解。

同样的义理在法国也曾出现，然而，如其复辟主义的先辈，这批人也以复辟帝制与教会为其首要职责。重要的

---

[1] 对他们三位的思想最优秀的一般性研究是：Fritz Stern 的 *The Politics of Cultural Despair* (Berkeley, 1961)。

法国后期文化民族主义者有：莫拉斯（Charles Maurras，1868—1952）、巴雷斯（Maurice Barrès，1862—1923）和法兰西行动派（Action Francaise），意大利同时出现的集团则以诗人邓南遮（Gabrielle D'Annunzio，1863—1938）为其中心人物。

# 十一　欧洲反现代化思想概说

19世纪的欧洲当然还有几十位重要的反现代化思想家，限于篇幅只能略述如上，同时，由于篇幅我也不拟提及他们在美国的对等人物或追随者。而今，我们可以为这些19世纪的欧洲反现代化反应进行一些归纳了。试图做归纳实际正是试图为这整个现象做一个定义，不只是在欧洲，而且是世界范围的。这个定义不会是终结性的，因为个人境遇，各思想家的固有文化传统的内涵，每一位面对的特定历史情况等，对每个反现代化者的整体反应都有塑造的力量。话虽如此，有相当数目的共通主题却相当明显地出现，不管每个思想家身处的历史情况或个人境遇有多么不同。

所有的现代化评论都认为现代化自18世纪末发展以来形成了深刻的文化危机。这些批评从"左"的，也从"右"的政治立场发出，在"左"和"右"的评论中，他们认定工业化以前诸社会的人和工作的过程有一种自然的关联性，这种关联却为现代化所败坏了；另一个他们强调的文化危机是人群关系改变及社会规范崩溃。这两个看法基本上都预设了前现代社会（premodern society）建基于既有道德律上的稳定道德及有道德的人群关系上。这个概念的基础是认为在一定的社会秩序中每个人知晓也接受其权利与责任，这为他提供了生活的确定目标，并为他提供了与他人相交涉时可以遵循的指引。总的来说，左翼批评着重工作过程中的改变，而右翼则强调社会规范的沦失。但是左翼批评在将主要重点放在工人的命运的同时，也说到社会规范的衰败；而右翼的批评家也注意到了工作过程中性满足方面的缺乏，尽管他们的重点是放在道德的败坏之上。

现代化——它的所有侧面——端赖于效率的逻辑，也就是分工。随着专业化的深进，人们不再是机器的主人，而成了它的受害者。工作变得越来越单调，也更进一步地剥夺了工人作为人的种种能力的发展，其他能力也日益萎缩。

再者，由于现代化过程的社会效应，人群关系遭到毁坏；个人从家长式的主宰制及层级制中"解放"了出来，却付出了放弃人群及社区关系这个代价。人们的关系丧失了道德义务的感觉与情绪的特质，因而日益变得单单靠经济利益维持。所有人际的互益都基于物质利得。

在我就现代化批判的传统进行分析时，我注意到不论是左翼或右翼的批评都具有逻辑上同一的品质，不过我大部分都集中在右翼或某种形式的保守主义有关的方面。我对源出马克思主义的种种批评点到为止，未加详说。在此，我将为不属于马克思传统的反现代化思想勾出一个极粗略的轮廓。

所有的反现代化思想家都以各传统形式（或理想化）的社会当作社会完善的试金石，常常是反对政治及经济的自由主义的，就算他们自己的政治立场可以被归为自由派的一类——这点，斯拉夫主义即为一例。他们生性对个人的物质私利有深刻的厌恶，唯恐它会毁坏所有建基于道德原则的所有的人群关系。他们对工业化的结果不是心存疑惧，就是彻底仇视，特别是现代都市生活及其病态与非人性化。他们强调社会重于个人，有机的群体关系高于法律关系及法定权利；除了重视有机社会外，渴望共有的道德价值和对真理的共同认识与分享。最重要的，他们高度评价人类存在的非理性、非功利方面——艺术、宗教等。最后，因为他们全都面对启蒙运动的腐蚀性的批判理性主义——它的本质对所有道德与宗教的信仰与价值都是破坏性的；这些思想家虽然不否定理性却常亟思建立一种认识论，为道德价值提供一个基础。这常常以分辨"实用"理性（理智）与"道德"理性（同属人性内蕴的）的方式出之，这种非理性认知的理论常植基于某种形式的直觉,尽管思想家本身常常并不名之为"直觉"。已谈到的例子是柯尔律治的分辨"思考"与"了解";斯拉夫主义者的分辨"整体的思考"与"零星的了解";纽曼的"推断力"等。如果一个现代思想家不创发这类的认识论,他常公然地诉诸宗教信仰——如拉梅内和哈曼;不然就是坦率的非理性主义者——这儿的例子是梅斯特。

最后一个引人兴味且经常出现的个人特点是:不少反现代化思想者在年轻的时候常曾是狂热和激烈的现代化倡行者,当他们体验了一种情绪或精神的危机后,他们对现代化态度的转捩点就标记出来了,最后,常常变成了同样狂热和激烈的反现代化批评者——有时这思想者成为某一(现代化)外国文化的私淑者或斗士,由其因危机而致一反所宗的过程看来,与个人的认同危机极为近似。

在这一点上哈曼是一个典型而戏剧化的例子;在德国浪漫派中,如费希特、赫德、谢林、革勒斯及阿诺特(Arnot)也都在追随启蒙运动之后经历了类似的"顿悟"。在一些例子中,如阿诺特和革勒斯,这种改变的过程事实上牵涉到宗教信仰上的改换——常是由较"传统"的宗教改换,如天主教;在此,纽曼也可算是个例子。就柏克、柯尔律治、华兹华斯、骚塞、雪莱及其他英国的例子看,他们并无突然与戏剧化的转变发生，反而是一个渐进改变的过程。在这些例子中，是从法国大革命的支持者到其反对者。伊凡·契里夫斯基也是以一个"西化论者"为其事业的开端的，其他同样例子的非西方反现代化评论者则有甘地、梁漱溟、辜鸿铭及一些日本思想家。

那种受惊雷般的"醒悟"经验和较渐进的转变，在心理现象上并不是那么不同的。只要在思想上、意识形态和道德理念上产生深刻的改变，隐藏的常是潜意识的却无所不包的挣扎，意义特别重大。是故，即便是突然的改变，实际也绝不如它显现的那么戏剧化。

在反现代化义理（如本书中所界定的）中几乎没有例外地普遍出现一系列的二分概念，这些个二分作为一个整体，构成对反现代立场之精髓的一种表现。二分的一端代表了论者心所向往的价值，另一边则不是他反对的，就是他痛恨的。后者同时是现代化过程的逻辑结果，也是所有社会经历任何程度现代化的实际经验结果。

就拿无所不在的城乡对立二分为例吧，批评者总是偏向于颂扬乡民社会，其制度、生活形态、人民等；而不喜欢城市的这一方面。都市化是现代化的逻辑结果，事实上过去250年历史也确切地表明：其增长大致与现代化的行进是一致的。当批评者自己的社会已大部分都市化或在都市化的边缘时,这种二分以一种带有乡愁情绪的渴慕来表现,善美的一般标准与模式仍然是那已荡然无存的过去的乡民社会。

反面的品质与实体则常被归属到相对于评论者自己国家的超级军事、政治、经济强权;其文化、人民、社会的精髓与特点;或其民族的"精神"上。那么,正面的品质与实体就必属于批评者自身民族的"精神",或其文化、人民、社会的精髓与特点了。是故,日耳曼批评者把法国归诸二分的否定一端,而俄罗斯斯拉夫主义者(或其思想上的后裔)则将西欧作为一个整体归诸二分的否定一端。

以下胪列这些二分法,以其最明白的形式,用的是其中关键性的字眼。为省篇幅,我不各个说明,仅以上文的讨论作为背景。相信即便只粗略的胪列种种二分的词汇,也是相当传神的。

然而,这些二分法却绝不是互不相涉的东西。一个思想家可以把它们说得很特别,或用好几个不同的关键词来说同一桩事;有时有的思想家会把好几个不同的实体混淆在一起——如科学、理性和智性。如下所示,一个肯定词可有好几个说法,或一个肯定词有好几个相对词。当然,也有的关键词没有直接的对等词,那些且容后再谈。

比较常见和重要的二分法我以星号注记之。

\*（1）情绪　　　　　　理智、理性

\*（2）直觉　　　　　　理智、理性、科学、推理

（3）良心　　　　　　理智、理性、科学、计算、私利

\*（4）"道德"感（直觉、整合理性、真实、真理等）　　理智、理性、科学

（5）本能　　　　　　理智、理性

\*（6）自发性、自发的　　机械的、强迫的、强制的计算

（7）想象、幻想、　　理智、科学、理性

\*（8）满足　　　　　　不满足

（9）灵魂　　　　　　肉体、理智

（10）本能　　　　　　计算

（11）德性、慷慨、直觉　　计算

（12）感性的　　　　　理智的

（13）德性　　　　　　理智

\*（14）精神、精神的、精神性　　物质、物质主义的、物质主义

（15）精神的　　　　　肉体的

（16）精神的　　　　　机械的

（17）生　　　　　　死

（18）健康　　　　　疾患

（19）生机　　　　　死灭

＊（20）联合　　　　　分裂

（21）不分的　　　　分割的

（22）整全的　　　　碎裂的、区分的、破裂的、残废的

（23）有生机的、　　被动的
能动的

（24）满盈　　　　　空虚

（25）满足　　　　　空虚

（26）流转　　　　　静止

（27）改变、主　　　静止、被动的
动的

＊（28）人　　　　　　机器

（29）自然的　　　　人工的

（30）自然的　　　　不自然的

（31）艺术　　　　　科技

（32）手工工作　　　科技

（33）艺匠　　　　　科技、机器

（34）人类比例　　　巨大

| | |
|---|---|
| *（35）风习、说服、民德、道德、非正式仲裁、教育、礼数、自发、自愿 | 法律、司法方式、强制 |
| （36）精神的、神圣的 | 物质的、肉体的、物质 |
| （37）主观的 | 客观的 |
| *（38）宗教、虔诚 | 非宗教无神论的、邪恶 |
| （39）宗教的 | 世俗的 |
| （40）宗教的 | 理性主义的 |
| （41）价值 | 无价值的 |
| （42）意义 | 无意义的 |
| （43）道德敏感性 | 道德冷感 |
| （44）道德性 | 理智性 |
| （45）人本主义 | 物质主义、理性主义 |
| （46）道德之善 | 物质之好 |
| （47）禁欲主义 | 感官主义、享乐主义 |
| （48）神秘主义 | 感官主义、理性主义 |
| （49）绝对道德 | 相对道德 |
| （50）道德论 | 功利主义、实用主义 |
| （51）伦理学 | 功利主义、实用主义 |

| | | |
|---|---|---|
|（52）文化|文明||
|（53）礼俗社会|法理社会||
|（54）社区性|个人性||
|＊（55）群体|个人||
|（56）自然群体|个人||
|（57）德性|私利||
|（58）社区主义|个人主义||
|（59）人道主义|私利||
|＊（60）社会主义|资本主义||
|＊（61）利他主义|自私||
|（62）责任|个人权利||
|（63）互赖、共享、协同、友谊、交情、纽带、结社|个人自主、发展、隔离、敌对、分裂、竞争、纷争||
|＊（64）与自然认同|向自然斗争||
|（65）爱|恨||
|（66）和平|战争||
|（67）和平主义|好战||
|＊（68）和谐|冲突||
|＊（69）自反|挑衅||
|（70）和睦|斗争、竞争、比赛、敌对||

|  |  |
|---|---|
| （71）耐心 | 焦急 |
| *（72）亲属关系、道德关系、友情 | 商业或生意及金钱关系 |
| （73）有机的 | 死的、分裂的 |
| （74）社会 | 国家 |
| （75）社会 | 政府 |
| （76）社会 | 政治 |
| （77）个人的 | 非个人的 |
| （78）人的 | 像机器的 |
| *（79）自然群体、风习、教育、有机社区，自然关系、人群关系、家庭、亲属、社会、自然纽带、人性感觉、情绪纽带 | 官僚、官僚化、民族国家 |
| （80）民族 | 国家 |
| *（81）地方主义 | 中央集权 |
| *（82）自治政府 | 官僚制度化、集权化 |
| *（83）农业主义 | 工业主义 |
| （84）乡野 | 都会 |

（85）农村　　　　　　城市

（86）乡村　　　　　　城镇

（87）文学　　　　　　科学

（88）人文主义的　　　科学的

（89）文理科　　　　　科学、技术学

（90）通才教育　　　　技术教育、专门训练

（91）道德教育　　　　理智教育

（92）整合的教育　　　专门化的教育

＊（93）人性价值、　　生意、交易、钱币、现钞关系、
个人关系、道德、　　商业化、市场、非个人性、贪婪
艺术、精神、精
神的、操守、伦
理、自然的、慷慨、
高贵

（94）精神　　　　　　物质

（95）直觉　　　　　　逻辑

（96）诗情的　　　　　科学的

这样的一个表述可以再扩大到好几百项。每个思想家，当然倾向于强调某特一集合的二分。我相信我们可以自圆其说：这些类似的二分，视之一个完形（gestalt），一个型构（configuration）；它代表了一个"反现代化立场"或

"姿态"。

这个姿态在西方与非西方都很普遍。如我上面曾经提到的，18世纪末至19世纪中叶，南欧及东欧以现代化的意义而言可说是属于非西方的。这个"非西方"的反现代反应似可得出另一组的概况。当一个文化单元或民族对峙于现代化时，其知识分子经常感到一种为其向现代化国家做文化引借辩解的必要。由于现代化国家明显的军事与经济优越性，他们感到被迫做文化引借以保护（或强化）一个新兴的效忠与心理认同的焦点——民族国家。尤有进者，因为他们的许多同胞在理论上和实际上推动采用现代化的文化产品，其技术和科技、组织形式等——如俄罗斯的"西化派"所为；同时因为大规模引进的趋势，反现代化的思想家深怕现代化的外国文化将其同胞完全同化，因为害怕这种精神及文化被连根拔除及丧失精神上的特性，反现代化者都有下列两种典型的方式之一的反应：

第一种方式只是一种理想型，实际上很不多见，那就是无条件地绝对地拒斥所有外国（现代）文化的成分，包括科学、技术、经济组织方法等，声称那些成分是次等人产生的次等文化——所说的次等常常是指精神和道德而言。这些绝对的反现代化者视文化为一整全的实体，互连互赖的各部分的整合，因此他们辩称：即便是采用技术也将影响整个文化，因而也引起主观"精神"领域进一步发生非所欲求的改变。我曾指出，这类反应与现代国家主义的要求直接冲突——后者总以民族国家及强化其针对另一个或一些民族国家的力量为终极目标的。而这类反现代化者视国家主义与现代民族国家本身基本上系外国现代化的产品，因而认为它们在"道德"和"精神"上也较低劣，而不将之放在心上，如同样的认为帝国主义侵略系低劣外国文化的产物。

因为过去的两百年中世界范围内国家主义势力弥漫的关系，这种不妥协的、逻辑上严谨的反现代化思想家却是极少数的。适合这个样式的思想家有中国的倭仁和辜鸿铭，印度的甘地和泰戈尔，俄国的托尔斯泰或一些较不重要的文士。某些宗教派别（如门诺派）[1]也坚持了类似的态度。不过就一般来说，这样的反现代化者也会修改立场以容许引进作为强国所需的军事技术及经济技术。就算有的坚持类似态度，他们要公开表示也颇为犹疑，因为他们国家主义的同胞会把他们当叛国者来指责——甘地就是被一个国

---

[1] Mennonite, 基督教新教的一个派别，1523年由荷兰和瑞士追随再洗礼派属教改革家门诺（Menno Simons）主张者组成，反对婴儿洗礼、誓约、就公职、服兵役等。

家主义的印度教徒所杀的。

第二种方式的反应是最为普遍的：是对引进和采用外国现代化文化产生的一种妥协的立场。这类的论者常分辨"物质"和"精神"两种文化或两个领域，前者为科技、军事与经济；后者则为文化的、实质的、有机规范性的、独具特色的方面。就前者而言，当然存在着一个放之四海而皆准的度量优越性的尺度。换言之，"物质"的文化产品主要是达到一定目的（经济生产、从事战争的能力等）的手段，它们可以与其他取代性的手段一起做经验性的试验，它们实际上是控制自然的工具，可以就其达到经验的目的之能力来加以评价。是故，最普遍的非西方反现代化反应常常明示或暗示地允许在"文明"领域内进行文化引借，而"文化"的领域则被视为是独特的、不可复制的精髓，源出于民族而与现代化的经济、社会、政治现实相分立。当这样的义理被明白地加以表示时，它倡行的是一种"混合"或"结合"外来文明的技术于本土文化的精髓或"精神"。

19世纪的中国"体""用"之辩——精髓与功用，实质与技术——是用来为向西方引借辩解的最适用的方式。在另外的一些例子里，如斯拉夫主义这样的理论是暗示性的，也就是说，尽管他们谴责西方及其文化的所有方面都较低劣，他们自己却引进外来科技并偶尔采用外来科技，采用某些经济组织形态和普遍的"经济发展"。

斯拉夫主义这个例子很清楚地说明了非西方反现代化思想的某些共同特征——它们在中欧、南欧的文化民族主义思想中同样以各种不同的形式呈现：

第一，振兴或复苏本土文化纯粹性的想法——在斯拉夫主义者是为彼得大帝以前的文化。

第二，这类的反应单单集中在解释本土文化与"西方"的关系，而本土文化则借与西方的对比来加以界定，世界其他的文化则被置而不论。例如斯拉夫主义者的理论中，就不寻求界定俄罗斯文化与印度、伊斯兰、中国、日本、非洲等文化的关系。

此外，另一个特征即为一致的反资本主义立场，加上对某种社会主义的积极提倡——斯拉夫主义者常常不用"社会主义"一词，但其所用的"社区主义"是同义的。

其中存在的一个讽刺就是借用西方反现代化的主张以攻击西方的这种趋势。斯拉夫主义者依赖日耳曼浪漫主义程度之深，若以严格的哲学讨论而言，它当可视为日耳曼浪漫主义的一个分支。然而，斯拉夫主义者却特别尖锐地不断攻击德国，他们甚而拒绝承认他们思想中任何的外来影响。同样地，许多日耳曼浪漫派，如哈曼，紧抓着启蒙思想的某些成分（如其怀疑论）来显示理性主义的不足之

## 十一 欧洲反现代化思想概说

处,因而强化了他们直觉论的哲学地位。这种形式的轻微变形在稍后的、非欧洲的反现代化思想家中也同样出现了。到了20世纪,西方思想与文化在非西方世界声望之高,使得那里的反现代化者有意在西方思想中寻找和他们相似的反现代化思想,并据之为证据以证明他们自己对西方的批评有理。这样一来,他们就是"以其人之法,还治其人之身"了。间接地利用了西方及其文化的声势来攻击西方及其文化。

另外一个并不那么普遍的特性是:非西方反现代化思想者倾向于将其本国的文化认作肩负着为人类全体带来救赎及改善的历史任务,通常这种理论是以向西方提供其救赎的方式出现的,也就是要将西方从其自身挖掘的陷阱之中拯救出来。

非西方反现代化者还倾向于刺激或提倡对历史、文学、语言学、民俗学的研究,这种研究在西方文化排山倒海的影响下,成为寻求文化与民族认同的一个部分。好比在德国和俄国,这主要包括了对农民文化与语言的研究,目的在创造一个货真价实的、独具特色的日耳曼或俄罗斯的语言及历史。

最后,非西方文化民族主义者的反现代化想法,尽管在不少情况下,由于隐然的反对现代民族国家之为人类体制而成形,却常常被吸收到极端民族主义的"泛××"运动之中,被用来巩固某一文化集团的民族国家享有其特殊的领袖地位。

## 十二 亚洲"对西方世界的反抗"

亚洲的反现代化批评到"一战"后才显出其重要性，它实际上是"一战"及战后西方惨况和悲观情绪的产物。是故，相当讽刺的是，在西方本身进入了由"一战"产生的自我怀疑和自我批评的时期，亚洲对西方化的批评者在亚洲才变为得势。更加讽刺的是，只有当这些批评者在西方获得了某种成功或由西方承认他有了相当成就后，他才在亚洲成为重要的人物。同样地，许多亚洲的批评者只有经过一些西方的东方主义者的鼓励之后，才对他们自己和自己的观点产生足够的信心，而所谓西方的东方主义者（Western Orientophiles），其实是反现代化批评的另一种形式的持续。例子是泰戈尔之获诺贝尔奖，辨喜（Swami Vivekananda）之作为在英美成功的印度教传教士造成他在印度的地位，英国之册封泰戈尔及依克巴为爵士，甘地之深受通神论运动（一个西方人创建的"东方"宗教组织）的影响；日本主义者如佛诺洛萨（Ernest Fenollosa, 1853—1908）、比阶洛（William Sturgis Bigelow）和莫尔斯

（Edward S. Morse，1838—1908）等对冈仓觉三的事业与思想的刺激、鼓励和影响，以及卫西琴（Alfred Westharp，1880—？）之影响梁漱溟，倭铿（Rudolf Eucken，1846—1927）和柏格森对张君劢和梁启超的鼓励与影响等。

情形尽是充满讽刺性的，得自西方的声望实际上恰恰强化了反西方思想，无可讳言，认为亚洲保有一个独特的精神文明这个观点基本上是一个西方的念头；而这念头则基本上是西方对现代化进行批评的一部分。

从我们今日所处的比较优越的地位观之，"一战"对西方意识所产生巨大得可怕的影响，我们恐怕不可能充分体会：那次大战与继之而起的"二战"相对照，显得像是小巫见大巫，而在面临核战争的持续威胁中，尤其是我们对其结局之无法想象，更使得"一战"的重要性日益减小。但就20世纪头10年、20年代及30年代的世代而言，"一战"是主宰他们时代的压倒性重大灾变，"一战"所产生的对西方文化之未来的黯淡悲观与深切疑虑是极为强烈和普遍的。

使得这种震撼加倍强烈的是："一战"爆发前夕那种与之相对照的却同样普遍的西方式的无限乐观与自信，不管欧洲人或非欧洲人，都把欧洲之主宰视为当然。所以有这种预设是不难了解的，在世界所有的伟大文明中，只有现

## 十二 亚洲"对西方世界的反抗"

代西方创造了一种持续的技术变迁、经济发展,而且前进速度与日俱增。自启蒙以来,西方人一直在稳步向前,他们因而也以同样的目光投向20世纪,将他们过去的进展投射向无限的将来。揆诸过去百年的记录,基本上是和平、繁荣,及政治与社会生活的民主化,似乎没有理由要想象同样的动向不永远继续下去。在20世纪初世界上从未有那么多的普通人过得那么好,贫病固然存在,但除病去贫所取得的巨大成绩使人们相信,它们终将成为逝去的梦魇。要之,启蒙的最佳企望似乎在其后继的一个世纪已经得到实现。

"一战"中疯狂的破坏、恐怖,其高效率与理智化的非人道与愚蠢,给西方式的乐观与自信带来了突然却决定性的——从某些方面而言也是永远的——结束。

我们必须就"一战"影响的这种评价做进一步的澄清:这种"新"型的悲观主义并不是"一战"造成的,也不是全然新颖的东西。东西方对现代化的批评从19世纪后半叶持续到20世纪,事实上,一些思想史家已看出在"一战"前20年西方文明已经进入了严重的危机,休斯(H. Stuart Hughes)的名著《意识与社会》(1950)就描绘了19世纪90年代到20世纪头10年一群西欧杰出思想家表现出的对启蒙种种基本预设所生的信心危机。而西欧与美国以外地区，对灾厄做预测的先知们在整个19世纪也不断出现。斯拉夫主义者的传人之一丹尼里夫斯基（Nikolai Danielwsky，1822—1885）在他的《俄罗斯与欧洲》（1869）一书中预告了西方世界近在眼前的败坏与沉沦。19世纪末他这本书的译本突然在西欧流行了起来。即使在西欧国家中最自信和乐观的英国，灾难的预言人也在20世纪的第一个10年出现：出名的例子是亚当斯兄弟，他们表露了对西方日盛的种种政经价值的厌恶与弃绝。亨利·亚当斯（Henry Adams，1838—1918）在他的《蒙特·圣米歇尔与莎特尔》（*Mont Saint Michel and Chartres*，1905）和《亨利·亚当斯的教育》（*Education of Henry Adams*，1907）两本书中，用圣玛利象征建立在精神性上的中古文明，来和以发电机为代表的现代物质主义与机械主义的文明加以对比。他把过去视为从本能经宗教、科学的几个阶段，最后则为从中心腐烂起的超感官的时代。未来的100年他相信必然可见一种"最终的、巨大而寰宇性的崩溃"。他的弟弟布鲁克斯（Brooks Adams，1848—1927）在他的《文明衰落的法则》（*Law of Civilization and Decay*，1903）一书中，则见出现代西方历史生灭的种种循环。

然而，"一战"后灾厄的先知们却不限于像亚当斯兄弟那种易怒的失势贵族，也不限于丹尼里夫斯基那种怪人。

## 十二 亚洲"对西方世界的反抗"

相反地,他们成为西方思潮、大学,甚至宗教生活的主流。就以"一战"后伦敦的思想文学界为例,当时它在很多方面是西欧政、经、思想界的中心。整个20世纪20年代,像英格(William Inge,1860—1954)这个"成就了的"教士和圣彼得教堂的主持,就对启蒙的传承发表了一系列的诅咒:他宣称进步的概念和类似的与启蒙俱生之种种世俗迷信,是宗教与理智生活的衰败之因。同时,具中人之才的作家如费里曼(Richard Austin Freeman,1862—1938)因其著作《社会衰败与再生》(*Social Decay and Regeneration*,1921)而一举成名。书中他宣告西方在退化之中,那是工业主义及其科技,加上它们对土地、空气、海洋,特别是人性加以破坏的结果。

英国诗歌小说方面在20世纪20年代的最佳作者之一如艾略特(T. S. Eliot,1885—1972)、庞德(Ezra Pound,1888—1972)、叶芝(W. B. Yeats,1865—1939)等也无一例外地是沉沦与败亡的先知:叶芝视西方为一腐烂而充满混乱的文明;乔伊斯(James Joyce,1882—1941)在他伟大的实验小说《尤里西斯》(1922)中,用其主人公的流落象征对照西方文明的愚蠢、污秽、无意义及其最终的荒芜。阿道斯·赫胥黎在他的名著《针锋相对》(*Point Counter Point*,1928)中对战后伦敦上流社会与知识分子作了无情的讥讽性刻画,他认为他们是在一种高度的道德堕落状态之中。他隐然地绝望于西方文化,以为它是要终绝的,也是没有希望的。在他那反乌托邦小说《美丽新世界》(1932)中,那西方文明未来最终(也是逻辑地)的惊人画面,从很多方面来看可说是西方战后幻灭与绝望的总结。

最能表征战后不安与悲观的一部书——由于它的中心主题,它的立即流行,它的书名,它的出版时间——无可置疑的是斯宾格勒(Oswald Spengler,1880—1936)的《西方的没落》(*The Decline of the West*)。此书对亚洲的现代化批评者如张君劢和梁启超有直接的影响。它一出版,人们成群抢购,一部这么艰涩的大部头之如此畅销实属空前。斯氏循其19世纪先驱以文化为有机的实体,它们有生命的周期:生、长、败、死。从对世界此一文明的研究中,他建立了文化成长的律则。他以为西方文化作为一个整体已届败死之年,必为其他新文化所取代。

本书后面讨论的大部分亚洲反现代评论者,都以不同的方式直接受影响于这种欧洲战后的惨淡景象,以及西方日增的认为其文化必定存在某些基本的误谬的想法。在他们个人经历方面,也有一个值得注意的相同特征,此特征与19世纪欧洲反现代批评者也有其平行之虑:这些亚洲的批评者,就其教育与生活方式言,都是"西化的"知识分子,

## 十二 亚洲"对西方世界的反抗"

他们年少时以不同的方式献身于他们祖国和他们本身生活与事业的"西化",在他们早年生活的一定点上,他们经历了一个情绪危机,一个精神的转捩点,一种类似于宗教"改宗"的经验;在那之后,他们则全然投身于文化民族主义的使命。

从对他们思想的粗略描绘中,我们可知亚洲批评者的批判内涵与前此讨论的欧洲批评者基本上相同,同样介于国家主义与文化主义间的紧张关系,同样具有讽刺性与矛盾。例如,许多欧洲反现代批评的讽刺性高潮是极端国家主义的"泛××"运动,其目的在于为民族国家服务:如日耳曼文化民族主义之演化为帝国主义的泛日耳曼运动,斯拉夫主义的思想要素之纳入泛斯拉夫主义,卒成为俄罗斯国家主义扩张及帝国化的工具。同样地,许多亚洲反现代化批评也成了极端国家主义运动的基础。最大的讽刺是大部分反现代化的日本文化民族主义思想,终致被用来支持日本民族国家的帝国主义野心:"泛亚洲主义"的最后发展为"大东亚共荣圈"——一个日本侵略与扩张的借口。

日本之终于使用"泛亚洲主义"为其帝国侵略的意识形态基础,是由于日本的文化民族主义者,当他们谈到亚洲时,他们预设代表全亚洲或亚洲的真精神的,不是别人,只是日本。其他亚洲的批评西方论者,其作为也无二致:

他们各个预设他们自己的国家或文化单位若非代表了亚洲，就是与西方相抗衡的主要力量，是西方文化的相对体，他们同样忽略了亚洲的其他诸文化——换言之，斯拉夫主义者的文化理论中除了"西方"和俄罗斯外，忽略了其他所有文化。同样地，各个亚洲评论者也一样，他们先拿自己的文化来与西方相对照。在反现代化理论中必定出现的种种二分观念中，亚洲的评论者们无一例外将正面的一端归属自己的文化，而将西方理所当然的划归消极的一方。例如辨喜和泰戈尔所说的亚洲文化（和西方文化截然相对）是指印度教文化；就依克巴而言，则为印度伊斯兰文化；对梁启超，是中国；对冈仓觉三，则为日本。

## 十三　印度的批评

印度"对西方的反抗"的主要人物大多为宗教思想家，也就因了这点，他们和中、日的论者有别，后者很少将他们的反西方批评和宗教连在一起。

### （一）辨喜

辨喜一生虽短，并且在我们讨论的时代之前即离开人世，其经历却是合乎我们的模型且相当典型的。他来自加尔各答的一个律师家庭，接受西方教育，文化上受的影响是来自西方的。在他经历其"改宗"经验时他正打算赴英研习法律，当他和一个神秘主义大师罗摩克马希纳（Ramakrisna）对谈了多次后，一年中，他决定放弃所有的尘世俗业；在12年苦行之后，他成了向西方宣传印度教的著名宣教家。他的名声不是先在印度而是在英美建立起来的，在印度到19世纪90年代还很少人知道他。1893年他在芝加哥世界第一届宗教大会上演讲，其后四年他在英、美各地宣教旅行。正是他在国外的成功令他在自己国内成名，回国时成了民族英雄。

辨喜的文化哲学和同时期的中国批评者们很近似，其主旨是一种"体""用"的二分：以为印度应从欧洲采用实用知识，而回报以教导宗教智慧，在这种融合之下，会出现一种新颖、改良的世界文化。[1]在纽约他告诉一群美国人："当代东方要学造机器，他应坐在西方的膝旁向西方学习；而西方要学习关于精神、神秘、灵魂、宇宙的奥秘和意义，他应坐在东方的膝前向东方学习。"[2]尽管这种"体—用"式的公式看来将人类的文化领域分割为印度与西方两个相等部分，实际上（正如中国的公式一般），"体"对人类存在的重要性远超过"用"："机器从未使人类快乐，它也永远不会使人类快乐"。[3]这种声称东方优越的论调还有另一个层面：它专注于人们的内在方面，好比说"快乐"。这类的里外之分，我们已经见到是西方反现代批评的重要部分，显然地与"文化—文明"十分近似。辨喜承认"人是天生来征服自然的"，西方人只善于征服外在世界，而

---

[1] 辨喜对于东西方诸文化之关系的最有系统的表达，见诸他死后才出版的：*The East and the West* (Calcutta, 1955)。
[2] *The Complete Works of Swami Vivekananda*, Volume 4 , p.152.
[3] 同上，p.151。

"人的内在存在了更尊贵的本质,高于日、月、星辰,属于宇宙万物,超越吾人区区之我,这是另一个探讨的领域,这方面东方人是最擅长的了"。[1]这种内在控制相对于外在控制的念头在亚洲的反现代主义者中也很普遍:例如梁漱溟就常用"向外用力,向内用力"来分辨西方与中国的种种文化态度。[2]

用一种和斯拉夫主义者与日耳曼浪漫派近似的论调,辨喜呼吁印度的青年奋勇前行将西方由其自身拯救出来。西方人被贬成了"一种钞票制造机""依赖物质"的奴隶,印度必以其优越精神征服西方:

> 伟大的理想在我们的前面……起来吧,印度!以你的精神征服世界……精神必须征服西方;渐渐地,他们终将发现他们需要精神以保全其邦国;他们正在等着,他们正在渴望着……整个西方有如坐在火山之

---

[1] *The Complete Works of Swami Vivekananda*, Volume 4, p.152。
[2] 作为例子,可参看《乡村建设理论》(邹平,1937) 35—38,41,61,65,114,118页;《中国民族自救运动之最后觉悟》(上海,1933) 119,125,131,147页;《中国文化要义》(上海,1949) 367页;《朝话》(长沙,1941) 9,61,147页;《梁漱溟先生教育文录》(邹平,1935) 31页。

上,它明天就要爆发,成为碎片。他们寻遍全世界找不到解脱,他们深入欢乐之林,而见其空无一物。现在是工作的时候,好教印度的精神理想深深渗入西方。因此,马德拉斯的青年们,我提醒你们。我们一定要走出去,一定要用我们的精神力和哲学征服世界……[1]

我们比较一下梁启超"一战"后《欧游心影录》中的一段:

我们可爱的青年啊,立正,开步走,大海对岸那边有好几万万人,愁着物质文明破产,哀哀欲绝的喊救命,等着你来超拔他哩,我们在天的祖宗三大圣和许多前辈,眼巴巴盼望你完成他的事业,正在拿他的精神来加佑你哩[2]。

再比较辜鸿铭"一战"后的著作:

我欲显示中国文化之研究何以能解决当今之世面

---

[1] *Complete Works of Vivekananda*, Volume 3, pp.276-277.
[2] 梁启超:《饮冰室合集》(上海,1936)专集,卷五,38页。

临之问题——将欧洲文明自破产中拯救之问题[1]。

事实上,辜与辨喜相同之处更多。辜主张保留传统中国文化之全部,包括缠足与文盲,而辨喜则主张保留种姓制度与偶像崇拜。然而,他不但提倡一种社会主义——这点再度与反现代主义的模式相合——而且全心地投身在解决印度广大人民困苦的工作上;另外与模式相合的还有:他痛恨官僚政治、中央集权,并强调乡村生活的优越性。

我们应当注意,在辨喜所有谈到亚洲的地方,他指的其实是印度,对他而言只有印度是亚洲的真正心脏和灵魂。同理,虽然他常谈到"世界",他指的其实是"西方"。这是非西方现代化的批评特色,他集中在自己文化与西方的关系上,完全忽略了世界上其他的非西方文化,这和斯拉夫主义者一模一样。

## (二) 古斯

哲学家古斯(Aurobindo Ghose,1872—1950)受的是

---

[1] 辜鸿铭:《中国人的精神》(北京,1915),5页。

全盘西化教育,自7岁起他上英文学校直到大学,在剑桥国王学院毕业后,1893年回到印度时,文化上他是西方的成分多于印度的成分。和我们的模式相契合,他似乎经历了一种认同危机而将注意力转到梵文古典和辨喜的著作上,同时,他也进入了政治,采取了一种极端国家主义的立场。1910年,在他获得重要地位后,他经历了另一个更严重的精神危机,他遂放弃了政治、家庭和整个前半生,搬到本地治里隐居,在那里,他做了40年的精神修炼和写作。和梁漱溟、泰戈尔等人一样,他对拯救本国的少年,并通过他们维护古代的信念,感到一种特殊的内在责任;像梁氏和泰氏一样,他模仿古代的印度圣哲,设立了一所学校。

在极端国家主义方面,古斯和其他印度及中国的同类人物有异,却与日本的文化民族主义者近似,他像费希特一样,奉承一个——当时并不存在的——印度国:

> 国家主义不光是一个政治纲领,它是来自上帝的一种宗教;国家主义是不朽的,它不能死,因为它不是一般人世上的事物[1]。

---

[1] Aurobindo Ghose, *Speeches* (Calcutta, 1948).

他的文化哲学在某些方面和中国的"体用"说近似：印度精神文明与西方物质文明的融合。和辨喜及其他我们讨论过的日耳曼及斯拉夫的论者一样，他预言要不是由他身属文化的精神主义加以拯救的话，西方的沦亡近在眼前。印度文化会拯救西方并使科学变得对人类安全。西方很快就会被迫与印度文化融合，其结果将是一个高超的新世界文化，它能同时保持西方的物质力量和印度的精神力量。

> 亚洲的精神，沉静、冥思、自若，掌握欧洲的发现而改正其偏，只有她的精神之光可照耀全球……在欧洲停顿，在无益的空想与无结果的实验的冲突中，在试图从其自身错误的结果中逃出作无助的挣扎时，亚洲成为负责人类进化的机构，这样的时代已经来到世界历史之中。[1]

另外一个在亚洲反现代文化哲学中也相当普遍的因子是：他们宣称他们的宗教可以矫正科学——这和西方的宗教不同，不然，他们的宗教就是预启了科学。古斯主张只

---

[1] Aurobindo Ghose, *Speeches* (Calcutta, 1948), pp.76-80.

有印度教可以"胜过物质主义,它也包括预启的科学"理论。

古斯思想中印度教的殊相与共相间的紧张至为明显——这点又和斯拉夫主义者相似。他界定印度教为诉之全人类的普遍、永恒价值系统,同时他却强调印度教的印度根源,并将之与印度民族国家及印度国家主义加以认同。例如,在报告他得自神启的神秘信念时,他说(神说):

> 正是这个宗教,我在世人之前高举;正是这个宗教,我经由圣人、人神加以完备,而教它进向诸国为我做工。我高举这国家传达我的话语、荣耀我教义即荣耀这个邦国……[1]

古斯不断地强调印度教的起源及其"印度性":

> 这是印度人的宗教,因为印度民族保有了它;因为它在这半岛成长,在喜马拉雅与海的围绕之中;因为在这古老而神圣的土地上,它责成雅里安族在世代间加以维护;……我不再说国家主义是一个勒

---

[1] Aurobindo Ghose, *Speeches* (Calcutta, 1948), pp.76-80.

令，一种信仰，一种宗教；我说对我们而言永恒德业（Sanatan Dharma）就是国家主义。这个印度国家是和永恒德业共生的，由它而运转，由它而成长。当永恒德业衰败时国家就衰败[1]。

同样地，古斯的思想也蕴含了民族国家与传统文化之间的紧张。他是强烈反官僚的，同时却倡行一个印度民族国家日后承担传统非政治组合所有功能与责任的纲领。为了强化未来的民族国家，他接受现代技术和新经济机构，却提不出印度传统文化与宗教在这种引进后，随之而生的改变中，其生存的情况该如何。

## （三）依克巴

青年时代的依克巴（Muhammad Iqbal, 1873—1938）——现代巴基斯坦之父、伊斯兰诗人与哲学家——也显示了我们揭示的模式。在拉合尔的政府学院（西式的机构）求学时，他在一个英籍东方主义学者阿诺德——印度回教文化的权

---

[1] Aurobindo Ghose, *Speeches* (Calcutta, 1948), pp.78-80.

威——的鼓励下对伊斯兰教产生了兴趣。其后，依克巴到剑桥大学，然后在慕尼黑大学得了哲学博士学位，由于曾在西方深造，他遂与西田几多郎、梁漱溟、张君劢等一样成了亚洲批评西方者中哲学上最精微的人物。本能上依克巴受到欧洲现代化批评者如尼采、柏格森、华兹华斯等思想的吸引，他遂用之来重新解释伊斯兰。

和前面讨论过的欧洲文化哲学家类似，依克巴有志于重新掌握并重振阿拉伯伊斯兰的原始精神，驱除其中后来得自西方、波斯和印度的种种影响。像梁漱溟对儒家一样，依克巴为了重新恢复伊斯兰文化的"原型"，遂否认现存伊斯兰文化的纯真性；他因而否定许多通俗的作为和"迷信"，视之为一种"腐败"，不是纯正的伊斯兰文化：

> 你们信仰超绝的理想性就必须自古神学的律令的虚幻中解放出来；精神上，我们是生活在过去多少世纪来在我们四周编织成的情绪与思想的牢笼中。[1]

在这点上，当然使得依克巴与辨喜及辜鸿铭有别——

---

[1] Muhammad Iqbal, *Speeches and Statements of Iqbal*, compiled by "Shamloo" (Lahore, 1944), pp.54-55.

后面两位认为当前的文化是值得保存的。

然而,与辨喜、古斯、梁漱溟等类似:他也见到一个未来的世界文化,它融合了伊斯兰与西方现代化的最佳传统,他也遵循了一般"体用"式的精神—物质二分法。这个公式明确地表白在他的一首哲理诗中:

> 西方人置其生命于实用理智之上,
> 东方人在爱中寻求创造的神功,
> 而,精明者需要爱的力量?
> 爱人者则需要精明以固其根基,
> 当爱与机敏共进如一,
> 他们遂创建了崭新且更佳美世界的图案。[1]

他对现代化(或西方)的批评,是我们现在已经耳熟能详的了,不过,其思想中却有一值得注意之点,他把所有印度教文化民族主义者和他们的运动视为与西方文化无异的东西:

---

[1] Muhammad Iqbal, 引文见 Stephen Hay, *Asian Ideas of East and West* (Cambridge, Mass., 1970), p.298 所引。

> 目前印度的挣扎常被说成是印度对西方的反抗，我深不以为然；印度人民所要求的恰是西化所代表的种种体制……受教育的城市印度人要求民主。少数民族（穆斯林）感受到他们是不同的文化单位，害怕其生存危在旦夕；他们要求保证，而占多数人的社区——为了明显的理由——拒绝让步……就算是甘地的政治方法也并不能表达出，即使那是一种心理上的反抗……[1]

他对现代西方生活一般精神条件的批评和大多反现代化者也相类似；但他特别对资本主义及其对人类生活的影响提出批评：

> 因此，全然遮蔽在其理智活动的结果里，现在人停止了他们的灵性生活，也就是失却了内在生活。在思想的领域，他和他自己公然冲突；在经济和政治的领域，他们则生活在与他人的公然冲突中；他发现自己无能于控制自己不安的个体主义及无限制的渴念欲

---

[1] *Speeches and Statements* of Iqbal, Slamloo, ed., Lahore, 1944, pp.52-53.

求。这一切渐渐杀灭了他内在的所有较高动机，为他带来的不过是对生命的厌倦。[1]

"亚洲"——他指的是伊斯兰世界——"无法理解现代西方资本主义及其放肆的个人主义"。依克巴本人是一个社会主义的信徒，他特别关心农村问题以及地主制的不义。

作为一个哲学家，依克巴与柏格森很近似，像欧洲的反现代主义者，他借对康德的批判创发了一套精微的直观认识论。就依克巴言：空间和时间并不如康德所想的那样是固定和不变的，其意义随着存在主体层次的高低而有异，那些层次的高低则决定于其精神力的高低。再者，正常的层次却不是产生知识经验的唯一层次。超过时空经验的层次则由"直观"予以显现，直观也者，是跟给我们"客观知识"的经验相联系的一种感受，但和那些经验又很不同，因为它并不只依赖了感官知觉。直观经验是个人的、不能传达的。

依克巴思想中最醒目的矛盾就是伊斯兰文化主义与国家主义间的冲突：一方面，他刻骨铭心地深信伊斯兰能为现代化社会的许多病痛提供纾解，认为现代化最重要的弊

---

[1] Muhammad Iqbal, *The Reconstruction of Religious Thought in Islam* (Lahore, 1944), p.186.

病是将人类划分为国家的或种族的集团,这种划分,他以为是现代西方为世界带来的最大的灾厄。他在一首题为《国家分化人类的概念》的诗篇中写道:

> 而今弟兄被分割为碎片,
> 取代了社区,
> 国家被赋予了尊贵的地位,
> 为人们效忠与建树之所在,
> 国家是他们心中的爱人,
> 广大的人类一再被消减,
> 至于肢解的族群,
> 人类是消失了;而只是喘息
> 分裂的国家、政治,
> 废弃的宗教……[1]

在他处,他首肯地引用尼采,指出"爱国主义"和国家主义是"病态和愚蠢",是"反对文化最大的势力"[2]。然

---

[1] Muhammad Iqbal, *The Mysteries of Selflessness,* translated by Arthur J. Arberry(London, 1953), p.32.
[2] Iqbal, *Reconstruction*, p.187.

而，他终究成了一个促成印度进一步分裂的极端国家主义者——划分巴基斯坦为一个独立的国家。

这个矛盾的基本理由是：依克巴试图说明重振的伊斯兰传统远在民族国家兴起前就早已创立，而西方创造的现代世界则单单由于自卫的必要，强使世界其他地区接受民族国家的体制。就这个矛盾而言，依克巴与中国、日本、欧洲、非洲及印度教的印度（Nindu India）中许多反现代思想家都是共有的。

## （四）泰戈尔

印度诗人泰戈尔是少数几个反现代思想家中其思想不含国家主义与文化主义冲突的。他一生坚持了逻辑上一贯——历史上精确——的立场：民族国家与国家主义乃西方体制不可分割与分离的部分，也是造成其他反现代论者所反对的现代化的种种负面性的部分理由。他以最强烈的措辞指责国家主义是"巨无霸的自私自利"，"道德死灭的亡命"，"对人类的彻底丧失信心"。当然，恰恰是由于"一战"，促成泰戈尔成为亚洲精神主义的先知，也是"一战"使得他深信"现今欧洲文明的巨大野心在于独占的罪恶"。泰戈尔无疑是一个可怕的耶利米（Jerimian）型警世先知，大声疾呼反对膜拜民族国家。他预言：西方恶魔式的发明——民族国家与国家主义——将和西方一同归于自毁之途：

> 国家自私之塔，以爱国主义之名行世；它高举了叛离天国的大毒蠹，必将蹒跚而一蹶不起；为其本身之重压所累，其旌旗堕地，其光耀将暝灭。[1]

1924年泰戈尔在南京对国立东南大学的学生们说，"目前是人类文明最黑暗的世纪"，因为"每一个种族都封闭在自造的局限中，自称为'国家'"[2]。

由于他那非国家主义的批判性，通常存在的殊相与共相间的矛盾，在他的思想中也不存在了。他并不强调印度的起源和印度教的"印度性"，泰戈尔的所为恰恰相反：他强调印度教、佛教、儒家和基督教的共同点。尽管他似乎将其宗教思想的大部分植基在古印度的奥义书上，他常常将基督教归入"亚洲人"的宗教之中，也常引用《圣经》。当然，他特指所有伟大宗教传统的"亚洲性"，也不断强调

---

[1] Rabindranath Tagore, *Nationalism* (New York, 1917), p.111.
[2] Rabindranath Tagore, *Talks in China:Lectures Delivered in April and May* 1924 (Calcutta, 1925), p.82.

亚洲文化一般精神性的优越于西方文化,但是他并不指定任何正式的宗教为所有真理的宝库,也不像斯拉夫主义者之指定东正教那样热切。

正是因为泰戈尔在国际主义、批评民族国家与国家主义上的逻辑一贯性,使他和几乎所有其他的亚洲反现代主义者区别开来。除此之外,其他方面他与他们的共同点仍是很多的。好比像甘地这个人,从一定的意义上,他甚至比泰戈尔更首尾一致,因为他甚至拒斥——泰戈尔接受的——最简单的现代技术与经济体制,但是,甘地尽管在所有的方面都算是个彻底的反现代主义者,但他最终不但成了一个国家主义的印度人,而且事实上做了反英独立运动的印度国家主义领袖。是故,尽管他们是精神上的亲属,泰戈尔和甘地恰恰不能不在国家主义的问题上相互攻讦。

泰戈尔的国际主义——或更精确地说,反国家主义——促使他和其他国家结缘,在他稍获声名之后,他大部分的生涯皆为"亚洲主义"的传道人。他在中国、日本以及美国与欧洲旅行多次,宣讲他融合亚洲精神主义与西方实用知识的信息。然而,中国与日本的反现代化思想者们却由于自身的文化民族主义而反对他——在日本这点特别明显而真切,日本的文化民族主义者几无例外的全部献身于日本民族国家及其利益。

为什么泰戈尔不像其印度的反现代化同辈如古斯、依克巴及甘地一样,变成一个热烈的国家主义者呢?我不欲冒凭空揣测之险,只是提出一个观察:泰戈尔的早年及其思想的成长与前文描绘的模式颇为不同。他早年的教育尽管包括英语、外国文学与历史,但他的根基也在于印度的古典;再者,他早年在国内而非国外接受教育,也不是上的外国式学校。1877年他首次游欧,时年17岁,当时他显然有意一探修习法律的可能性,像古斯、甘地等其他同辈一样。在伦敦,他在一位医生家住了一小段日子,却未正式入大学。他父亲怕他爱上医生的女儿,在他有机会入学前就命令他回印度去。一回家,旋又决定赴伦敦习法,但在他赴欧的船上,他不可解释地改变了主意,再次回了家。回家不久他就经验了他一生中最重要的事件:一种对宇宙整体为一的神秘性洞见——当时他21岁,和其他反现代主义者经验"改宗"时大约同龄。泰戈尔描绘了这个发生在一个早晨的经验,当时他站在廊下观看日出:

> 突然间,从我存在的最深内里,一串光束油然而生,放散开来为我照亮整个寰宇;它接着不再看似一堆物体或事件,而是在我视野中显现为一整体。这个经验似乎告知我:宇宙核心发出的旋律之流,散播时

空,互相回应着欢愉的浪花,流转回向其源。[1]

日后,当他描绘这个情景时,泰戈尔使用了印度教的名词"神我"(atman)与"梵摩"(Brahman)的一种"结合"。正是这个经验,日后构成了他思想的核心。

可能是因为泰戈尔未曾经历"连根被拔"的感觉,也未曾体认海外外国化了的印度知识分子的"认同危机",缺乏作为一个被殖民的亚洲人在西方生活一大段时间所经历的微妙而持续的屈辱,他并不感到类似的自惭形秽、刻刻防人和自卑——许多他的同辈都有这些心理体验,是故,未曾生出同样强烈的国家主义情绪。

泰戈尔的反国家主义是其文化哲学的一个重要部分。他发现西方文化与印度文化之不同主要在于前者为"政治"文化,而后者为"社会"文化:"我们印度文化的基础在于社会,而西方文化的基础则在于政治"[2],泰戈尔将西方文化所有的罪恶都归咎于政府、政治、官僚和对权力本身的运用。他提出帝国主义是现代民族国家与国家主义逻辑的自然产物:

---

[1] Rabindranath Tagore, *My Reminiscences* (New, York, 1927), p.218.
[2] 引文见 Hay, *Asian Ideas of East and West* (Cambridge, Mass., 1970), p.33 所引。

> 从欧洲土壤中长出的政治文明蔓延到了全世界，有如繁茂的莠草……其倾向上是食人的；它吞噬其他民族以为滋养，试图嚼下他们整个的未来。[1]

然而当亚洲陷入现代民族国家必然的侵略性之牢笼中时，他们又能怎么做呢？泰戈尔知道，终极的问题是亚洲人除了加入西方"军事癫狂的竞技场上的狂热竞争"外，另有什么出路？他是以愿为其道德价值付出代价而有名的。1924年他对在国立北京师范大学校聚集的听众们说：

> 我以一个在进步赛跑中落后国家的一员向各位发言，我告诉诸位我准备接受身体上的积弱、侮慢及压迫，但我永远不会认可我精神存在的被征服、败北、终极的屈辱与毁弃，以至于丧失我的信心与目标……在这个像模像样的伪装下实行食人与奴役的这个现代世界中，我们须要接二连三地听这样的话："在非正义的推波助澜下，人们是繁荣了，战胜了敌人，得其所欲，然而他们的根却腐烂了。"[2]

---

[1] Tagore, *Nationalism*, p.76.
[2] Tagore, *Talks in China*, pp.76-77.

因此,他促请中国人"寻求正义即使失去成就",以免中国"从根本上腐烂",他同时警告中国的青年说:"依赖暴力是野蛮主义的特征;信从于它的各国不是已经被毁就是仍旧野蛮不驯。"[1]

依克巴与泰戈尔一样,感到西方创建的民族国家与国家主义、官僚制度及权力政治是邪恶的东西,但他和泰戈尔有一个最重要的异点:依克巴、甘地或其他人,纵使他们或许同意泰戈尔,以为不义和败德实际上是政治成功的先决条件,他们却不愿为道德的超越性付出不可避免的代价。泰戈尔却不然。

在泰戈尔思想的其他方面,他则和东西方其他反现代思想家相一致:对现代技术的拒斥方面,他不如甘地般的严格——他也不同意甘地的倡导严格的苦修和性方面的禁欲——这点,可说是他不一致的地方:

> 没有一件文明的工具,不管它是电车、火车、汽车还是什么别的,没有一样不搅乱人们心灵的平静的,这是我憎恶文明的原因。

---

[1] Tagore, *Talks in China*, pp.74,77。

> 不管文明多么善于借方法与机械之名残害人类，它都不会久的……现代进步的笨重结构，以效率的铆钉结合在一块，架在野心之轮上，也是维持不长的。[1]

他常说现代文明是在污染自然："对诸神的反叛……这个充满机械的行为所及之处，在全球散播了贪婪的疫病，随之以尘漫、丑恶与残暴。"从船上的槟榔屿港眺望之际，他写道："当船缓行入港，人类野心的计划开始遮蔽大自然，工厂烟囱的直线刻过自然的曲线——我于是见到无比巨大的人造的丑劣在人们的热切中来到这世界。滩过一滩，港过一港，人们的贪婪以可憎之姿嘲弄了天国。"同一旅程中到了香港，他诅咒道："贸易的怪兽……以其重压疲惫世间，以其喧嚣震聋世界，以其秽物污染大地，以其贪婪撕裂苍生。"[2]

他也不断表达他对商业化、计较、机械化、物质主义、功利主义、不断竞争的现代文化之憎厌，甚而视所有这些为整体不可分离的品质。然而，有如大多数反现代化思想者，他乐观地以为经由注入东方的精神力，现代化的益处

---

[1] Tagore, *Nationalism*, p.111.
[2] *Visva-Bharati Quarterly* (Calcutta), 4, 2; 96, 104; 43, 187, 190, 193.

可予维持，其消极方面可予去除。例如，虽然在西方科学之力为人误用，使得"不仁者昌盛，欺人者健旺，机器取德性之位而尊"，他却不止一次的建议借科学与精神契合即可予以驯服。在一个场合，他坚持人们误解他"只是诅咒西方的物质文明"，相反地，他把西方文明比作一把锋利的剃刀："你要用它最好小心些，千万别只教物质文明给吸收了去，而完全忘记了精神文明。一句话，我要说的是：用剃刀，不要为剃刀所用。"[1] 在另一个场合，他说："新的精神与道德力必须不断发展以便人们吸收其科学的成果；俾控制他们的新武器与机械，而不叫那些主宰、奴役并摧毁他们。"[2] 他意谓的是：科学、机器、技术及其他现代西方文明的物质利益还是可用的，只要维持了东方的道德力量，对之加以控制与指示。这个泰戈尔文化哲学的基础，仍然是一种"体用"的二分法：乐观的预设"体"不但能续存，且可控制"用"。

在泰戈尔的理论里——像斯拉夫主义者一样——印度的使命在于拯救人类，拯救西方的陷落，融合印度的精神性于西方的科学、组织与工业，来为世界创造一个新的全

---

[1]《朝日新闻》(东京)，1916年9月2日。
[2] Tagore, *Talks in China*, p.75.

球文明。

"一战"的爆发——如说服了其他许多亚洲反现代化者一样——说服了泰戈尔:西方需要东方,之所以如此是为了求生存,是故其情愈殷。然而我必须指出"综合"东西文化这个念头远早于战前已经在亚洲的知识分子中产生;其所以产生——和日耳曼、俄罗斯及欧洲其他地方稍有不同——乃由于在向外采借文化国家的知识分子心理上,有为向外采借做辩解的必要。泰戈尔也不例外。以下引用泰氏对文化问题最早的意见。当时他首次旅英刚返回印度:

> 要是印度文明的遗存能成为欧洲文明建树之基地,那是多美好呀!欧洲的认为自由为主与印度认为福利为主;东方诸国的深邃思想与西方各国的活泼思想;欧洲的进取与印度的守成;东方诸国的想象力与西方各国的实用理智——这两者加以综合要出现何等的丰富呀![1]

30年后,在他创办的世界文化大学(Visva Bharati

---

[1] Hay, *Asian Ideas*, p.21.

University）的章程中，他的主意几乎没有改变：

（1）将东方各个分离的文化聚集在一起，最适当的地方是印度，她是亚洲的心脏，从纠地亚（Judea）到日本，东方不同地方起源的吠陀、佛、闪、袄及其他文化潮流都曾流注之。将亚洲不同文化的不同倾向带向一种基本统一的实现，促使东方就其自身的精神目标取得充分的自觉，这种意识的晦昧不张是主要的原因，以至于妨碍了：

（2）东方与西方的真正合作，这种合作的伟大成效在于相互补充与同化，是为世界文化及其完整性所必不可少。[1]

以上两段话表露了所有亚洲文化民族主义思想所共有的许多要素，同时与所有欧洲文化民族主义思想——除了英国和法国外——也很接近：

1."东方"或"亚洲"——也就是概念二分中借与"外人"（西方）相对立而得以界定的那个文化实体——常和批

---

[1] *Modern Review* (Calcutta), 31.1：124.

评者本国或本文化是同义词。在泰氏的情况中，其较早的说法中东方与印度是可互换的；在后一个时期他则有意识地为其确定亚洲与印度建立了特别的理论基础。

2. 东方或亚洲以其精神深度与超越性见长。

3. 东方与西方文化上刚刚相反且形成完美的互补。

4. 渴望与预期一种未来东西方文化的融合，这种融合会造成一个新的世界人类文化。

5. 为了担负补充必要的角色，东方必须对之自觉；为了达到自觉则必须振兴、重整或再发现本身的真文化或真精神。

其他以上两段话并未明示，却是4、5两点之直接推论的共同要素：西方目前由于情势被迫要改变或转移其文化，这需要通过与东方文化融合以行之。

当然，这个公式以多种样式呈现，有的部分在通常不归属于反现代化主义者的思想中也常出现。

正如许多非英法的思想家，泰氏对未来文化的预期其语调多少是防御性的，好比赫德及其他浪漫派之呼吁其日耳曼同僚去"证明"其文化的存在，或者问他们日耳曼对来日的世界文化能有什么贡献。泰氏的调子有时也是这类防御性的，譬如在他对自己同胞讲话时，他说道：

十三 印度的批评

> 我们必须承认西方的到来是我们的幸运;话说回来,总得有人向西方显露东方,说服他们东方对文明的历史有其贡献的地方,印度不是向西方乞讨。[1]

1924年他在中国清华大学对学生称:既然各个文化随了世界的统一而聚拢在一起,那么——

> 我们必须证实我们自己的存在,我们必须各自以我们的文明来显示哪些是世界性的……在你的家里你有什么可拿得出来向这新时代致意的?[2]

如果把"印度—东方"换了日耳曼,西方换了"法国",在一些日耳曼浪漫派著作中可能找到几乎一样的章句,而亚洲的其他反现代化者也不例外,兹将上面两段话和梁启超的比较一下:

> 第一步,要人人存一个尊重爱护本国文化的诚意;第二步,要用那西洋人研究学问的方法去研究它,

---

[1] *A Tagore Reader* (New York, 1961), p.200.
[2] Tagore, *Talks in China*, pp.49, 87-88.

得它的真相;第三步,把自己的文化综合起来,还拿别人的补助它,叫它起一种化合作用,成了一个新文化系统;第四步,把这新系统往外扩充,叫人类全体都得着它的好处,我们人数居全世界人口的1/4,我们对于人类全体的幸福,该负1/4的责任,不尽这责任,就是对不起祖宗,对不起同时的人类,其实是对不起自己。[1]

像所有反现代化主义者一样,泰戈尔赞扬乡村而痛斥城市,19世纪90年代乡—城的二分即已在其思想中生根。在其后发展其文化哲学的阶段,他不知不觉地将印度(东方)与他的乡村认同;他的诗歌及小说也都将印度乡居,其人民、生活方式,单纯及与自然的和谐,加以理想化。

和这牧歌风的乡村印度之乌托邦相对应的,是世界大城市及其中的狂热活动,组织化的自私自利、丑陋及现代工业。他再次不自觉地将(不管世界何处的)城市与西方加以对等。是故,他思想中的种种概念二分的(如我上文表列所示的)两极是:平和、自然、有机的印度乡村相对

---

[1] 梁启超:《欧游心影录》,37—38页。

照于攻击性、造作、机械性的西方民族国家。

1924年他在北京演讲时,他就所见的传统中国生活与中国的大城市加以对比;他心仪传统生活中技、艺的单纯之美,但:

> 要是你接受了贪婪为你的主子,那么,一念之间,单单功利之思即可将你四周的种种雅致与优美萎谢殆尽。君不见上海、天津?巨大的恶魔般的丑陋漫行全球——纽约、伦敦、加尔各答、新加坡、香港,不全都又大又丑?它们所触之处尽是死亡;褪尽的优美,好像是上天撤回了他的庇佑。[1]

对他来说,乡—城这两个实体象征了人性的善与恶,和古典道家思想很是接近。他诅咒加尔各答与孟买的非人性化与败德的本质,正如他非难伦敦与纽约一样;因为,对他而言所有的大城市都是"西方的"。

从这样将乡村加以理想化进一步推论,他不断地反对官僚制度(或任何政府)对它们进行干预的努力,是一个

---

[1] *A Tagore Reader*, p.211.

农村印度地方自治的斗士。这点当然和本书试图建立的反现代化思想模式相一致。然而，有异于许多反现代化的知识分子——除了少数几个（如梁漱溟），泰戈尔却真的去实践他的理论。1904年，英国殖民地当局建议分割孟加拉，泰氏表示反对并在加尔各答发表公开演讲，讲话中他除了为孟加拉文化完整性执言外，他呼吁一个广泛的孟加拉农村重建方案，这一方案中他特别排除了任何政府的角色，强调重建必须来自乡村本身的自发性（经过一段时期的教育）。那是一个文化运动，不是政治运动；一个自助运动，不是官方的运动。泰氏在他自己的庄园首先加以实行，后来他为其庄园引进了农业推广与医疗人员。

以泰氏之建议引用孟加拉本地的"节市"[1]Mela通过教育以改善农村为例——像梁漱溟一样，泰氏计划引入多种"现代"式的改良：卫生技术、通信技术、农业与医疗技术等。尽管他和梁一样厌恶城市，却有意应用这些"城市的"文化产品，只要它们不摧毁乡村礼俗社会的经纬。他写道：

> 如果国家的领袖们弃绝他们空洞的政治，以提供

---

[1] 这是一个孟加拉名词，指的是地方市集或露天的市场节庆。

新生活与资源为职责，全心地去工作……同时给予人们真正的需要——学校、道路、水源、公有牧草地等——这个国家很快即可复苏。我相信一群工人从一区走到一区组织这些孟加拉节市，用地方戏剧（jatras）、民间歌谣（kirtans）[1]、背诵、电影、幻灯等方式将新知装备他们，钱的问题也就自动解决了。[2]

值得注意的是，泰戈尔和梁漱溟都以为乡村地区的重振和国家的复兴是一回事。梁氏所用乡村工作的方式完全一样，同时也坚持方案的自立性质，不要政府资助。梁氏对乡村工作的另一点强调是地方的控制和主动，他视集权的官僚制为有效乡村重建与地方自治的首要敌人——如我们所注意到的，也是反现代主义者的共同敌人。泰戈尔对这问题的看法完全一样：例如，1924年中国之行，泰氏在北京与初创的布尔什维克政府代表加拉罕见面，他们讨论中唯一的不同意见是：当加拉罕吹牛说莫斯科的一个决定可以在成千上万的村子里执行时，泰戈尔打断了

---

[1] Jatra 是一种孟加拉各种宗教节庆演出的露天民俗剧场。Kirtan 是一种孟加拉人的虔敬歌咏和宗教圣咏。
[2] *A Tagore Reader*, pp.202-203.

他:"才不呢!这和我对我自己村子所采行的方式恰恰相反。"[1]

泰戈尔和梁漱溟在哲学思想上也相当类似,好比说他们的哲学生机论和文化理论的一些方面。可是必须指出梁氏的思想比起泰氏是精微得多的——不用说当然比起其他的亚洲反现代化思想者要精微得更多!1924年在北京,梁漱溟和泰戈尔亦有过一次私人的谈话,当时徐志摩担任翻译。[2]在那之前梁漱溟已多次公开地评论泰氏的著作;梁漱溟在他1922年《东西文化及其哲学》一书中将泰氏在西方的成功与重要性解释为他自己的预期的进一步证实:西方是在接受中国文化与儒家思想的边缘了。这是因为梁漱溟感到泰戈尔思想的精髓不是印度教,而是儒家思想:

> 还有印度的泰戈尔非常受西洋人的崇拜,也是现代风气之一例。仿佛记得某杂志说泰戈尔刚到英国去,英国的高官贵族开会欢迎他,都行一种印度礼,抱他的脚。——他的本领就在恰好投合现在西洋人的要求,

---

[1]《泰戈尔游苏俄》,《申报》(上海),1924年5月17日。
[2] 梁漱溟:《朝话》,70—71页。

西洋人精神上受理智的创伤痛苦真不得了,他能拿直觉来拯救他们。若照他的哲学原本于婆罗门,和西洋往时的斯宾诺莎相仿,很不配在西洋现时出风头。

他唯一无二的只是"爱",这自然恰好是西洋人的对症药。西洋人的病苦原在生机斲丧的太不堪,而"爱"是引逗生机、培养生机的圣药。西洋人的宇宙和人生断裂隔阂,矛盾冲突,无情无趣,疲殆垂绝,他实在有把他融合昭苏的力量。原来的婆罗门教似并没有这样子,他大约受些西洋生命派哲学的影响;所以他这种路子,不是印度人从来所有的,不是西洋人从来所有的,虽其形迹上与中国哲学无关联,然而我却要说他是属于中国的,是隶属于孔家路子之下的。[1]

**严格地说**:梁漱溟之推论泰氏受了西方生机论哲学家的影响是不正确的,但他的评论却很有见地:"生命"——在许多反现代理论中亦然——常常是拿来和现代社会的"死亡""机械化""无生产性""知识化"相对照的重要概念,泰戈尔对它的用法恰恰如此。

---

[1] 梁漱溟:《东西文化及其哲学》(上海,1922),186—187页。

1924年在北京,泰氏斥责现代西方文明为"非生":"吞噬生命的巨灵",而他是信从生命的。"生命生命生命!他如一个童子杰克能杀死巨人!"[1]

当然,梁漱溟之用泰氏在西方的成功为凭以证明他自己"西方将走儒家之道"的理论,是相当有讽刺性的。尤其讽刺的是泰氏本人对其见重于西方的解释:他认为那意味了西方需要他来结交东方,使东方了解其拯救西方的使命。话说回来,泰氏之能成为亚洲精神主义的国际传道人,并因之与许多亚洲反现代化思想家结交,如梁漱溟、张君劢、冈仓觉三等,恰恰是因为他得了诺贝尔文学奖——也是英国国王的爵士。不是他的这种声望,他在中日等国的旅行演讲是不可能实现的。

总的来说,亚洲的知识分子对泰戈尔关于统一的精神性亚洲的信息,不是冷漠待之就是公开仇视,某些日本人之同情于他,不过因泰氏对亚洲大一统的强调可用来鼓吹日本亚洲帝国的梦想。支持泰氏使其能面对亚洲的冷淡或反对,在心理上促使他进行并坚持其使命的,是西方的知识分子,而不是其亚洲同侪。他作为亚洲的国际代表的全

---

[1] 引文见 Hay, *Assian Ideas*, pp.174,175,169。

部生涯以及他对自己信息的信心主要都是建筑在英、法或美国朋友的热诚上的。他得自西方的鼓舞有两种形式：其一来自西方的著名知识分子，有直接的（通过个人通信与会谈），也有间接的（通过他们的著作）；其二则为私人性的，来自于友人，他们自己由于厌恶现代化在他们母国产生的效应而成为东方主义者。前者的最佳例子是法国小说家罗曼·罗兰（Romain Rolland，1866—1944）；罗曼·罗兰与泰戈尔自1919年起通信，当时罗兰和他的许多同辈一样对西方文明的未来处于绝望的情绪中。罗兰鼓励泰戈尔的主张：只有精神性东方之文化的重振才能解救过度理性并明显自毁中的西方。同年，当张君劢与梁启超游欧之时，罗兰亲身向他们传达的一模一样的信息，也获得了类似的效果。泰戈尔在他给罗兰的一封信中隐约地承认他对来自西方的鼓舞之依赖："我们对外来的助力有很大的需要，那可使我们觉知自己的任务。"[1] 1920—1921年泰氏游欧之际，罗兰招待了他，也进一步展开了讨论。

第二类的鼓舞来自较不显要的人——与泰氏一块儿工

---

[1] *Rolland and Tagore*, edited by Alex Aronson and Krishna Kripalani, translated by Indira Devi Chaudhurani and Alex Aronson (Calcutta, 1945), p.30.

作、旅行和长时期生活的信从者,包括英国农业专家埃姆贺斯特(Leonard Elmhirst)与安德鲁斯(C. F. Andrews)。这个范畴也包括几位著名的东方主义学者,如法国的梵文学家列维(Sylvain Levi),她在泰氏的国际大学教了一年书。再就是在亚洲过着流放生活的东方主义者,如泰氏在1916年赴日途中遇到的法国人保罗·理查(Paul Richard),理查的妻子后来成了古斯在本地治里"师生公社"的"家母"(The Mother)——这类人物中最有趣的是来自北爱尔兰的学校教师玛佳利特·诺伯尔(Margaret Noble);她在伦敦听了辨喜的讲演就立即改信了印度教,成了他的门徒,而以尼微迪塔姐妹(Sister Nivedita)为名。她与辨喜回到印度,在他死后她建立了一所学校,常常与泰戈尔相见。

当然,西方对泰氏最大的一个影响也就是他使命的中心——以为有一个可辨明的"东方"的单一文化实体——这个念头当然是西方的,不是东方的。

这一类来自西方的鼓舞当然不限于泰戈尔,大部分亚洲反现代化者最起码也都自西方反现代化知识分子的公开著述中得到鼓舞,且常引用来支持自己的理论。梁漱溟在《东西文化及其哲学》一书中认定某些现代西方思想家为"儒者",也就是利用西方思想的普遍声望来支持他的西方即将儒家化的理论。这可说是同一个现象的更微妙和精微的变体。[1]依克巴也引述一些西方"最佳的思想家",他们最后认识了伊斯兰教包含的若干关于人类的真理。[2]来自西方著名人物或不那么著名的东方主义者朋友的鼓励也是一个相当普遍的现象:倭铿、杜里舒(Hans Dreisch)、罗曼·罗兰和其他欧洲知识分子在1919年亲自鼓励梁启超和张君劢重振中国传统文化及拯救西方,恐怕是他们两人随后回国后批评西方文化的先决条件。

当然,就在欧洲本身也有与此直接平行的现象:德国浪漫主义者常受其英国、法国籍朋友的鼓舞,那些个朋友常从启蒙思潮中挑出特别的要素,以之攻击启蒙运动——好像哈曼之应用休谟的怀疑论一样。英、法知识分子之如斯塔尔(Madame de Staël)和柯尔律治事实上可说是"日耳曼主义者",他们直接鼓励日耳曼浪漫主义并在自己国内加以推展。斯拉夫主义者则用日耳曼思想来攻击日耳曼及其余的西欧。

泰戈尔的信从者中,不少人将他的信息带到了下一代。

---

[1] 梁漱溟:《东西文化及其哲学》,164—194页。
[2] Iqbal, *Speeches and Statements*, pp. 4-5.

如沙斯替利（Ramaswami Sastri）[1]就响应泰氏以国家与现代国家主义为恶魔的主张；他同时也相信"作为印度灵魂的具体化身之印度文化必须保存完备，并传播世界"。他思想里文化综合的公式与泰氏无异："如果我们聪明地吸收现代科学与民主，同时保留吾人灵魂、生活、文学、宗教与哲学中的印度性，印度将再次为世界上的晨星。"——可注意的是，再一次的内部的主观因素可获保留，而同时可向外求借（科学）；这基本上是"体用"的公式，结论则为向外求借的文化会在这种综合中成为更强更好的文化。然而其与典型的体用论不同的是：他认为印度新融合的文化将主宰全世界。

## （五）甘地

印度最出名的反现代化思想家无疑是甘地（Mohandas K. Gandhi，1869—1948）。他也被称为"圣雄"，当泰戈尔1915年正式邀请他回印度住在其世界文化大学时，第一次使用这个名号。他的一般生涯与思想非常著名，兹不

---

[1] 沙斯替利写了若干关于泰戈尔的传记与研究；其中他表现了自己对泰翁教义的看法，也在东西文化的问题上发表了自己的意见。

多赘。

甘地符合于我们建立的反现代化思想家的模式：少年时代他是个彻底的"西化者"，在英国做学生及当律师的生活恰恰是一个连根被拔的"正常英国绅士"的缩影；他彻底地从那样的生活中做了转变，成为印度文化民族主义的典型：穿农民服装，其生活方式与乡村大众不可分辨。他的这个转变是在他居留南非期间(1893—1915)渐渐形成的，在他回到英国时，他的基本思想——一生中并无大变——已经成形并在他1909年撰写的名著 *Hind Swaraj*（《印度自治》）中表现出来了。

甘地的特殊重要性在于他是一个西方反现代化思潮和他自己耆那教传统的典型综合体。他在英国受教育，他的西方良师几乎全属英美人士：罗斯金、爱默生（Emerson）、梭罗（Thoreau）和卡莱尔。其著作也可说是英国浪漫诗人的回响，在他的故意的反工业主义方面，他和科贝特也极为接近。在他的著作中，我们几乎可找到上文胪列中的所有观念二分，以各样的面目出现。

甘地在反现代化思想家中多少是一个特例，他将他思想的基本原则推演到其逻辑极限，其思想里没有重大的矛盾，文化主义与国家主义、共相与殊相间通常存在的紧张也很小。甘地和梁漱溟的思想在许多方面形成了真切的平行，尽管他们的生涯与背景全属两样。

甘地之所以特别，因为他恐怕是现代化批评者中唯一公开宣称他反对的是现代化本身的人。他常说："我是一个也始终是一个现代文明的决断的反对者。"[1]事实上，甘地的一生可说是一个反对现代文明的长期圣战，其中他反对英国，要求印度独立的任务只是一个部分。"统治印度的不是英国人而是现代文明，它通过其铁路、电报、电话以及几乎每一样发明而为之；那些个发明被称为文明的胜利。"除去现代文明，英国与印度就能和平相处，两方面都快乐。他辩称"只有在西方将现代文明彻底抛弃之后"，人类的福祉才会到来。[2]在大部分场合里甘地将"现代"与"西方"两词交换使用："在我们自己的文明中自然会有进步、衰退及种种反动；然而有一个任务是必要的，就是逐出西方文明，然后其他的必随之而来。"[3]就他而言，"真"文明即印度文明；同时在物质-精神这个普遍的二分上，他定出东方与西方对立的位置，"文明包括对自己及我们的欲望达到控制……印度文明的倾向是高举道德的存在，

---

[1] Mohandas Gandhi, *Speeches and Writings of Mahatma Gandhi* (Madras.1934), p.311.
[2] 同上，pp.1041—1042.
[3] Gandhi, *Hind Swaraj, or Indian Home Rule* (Ahmedabad, 1946).

西方文明则传播罪恶……那个文明卒至于只要人有耐心它将会自毁；根据穆罕默德的教训这是一个恶魔的文明"[1]。"恶魔的"一词在甘地谈到西方、现代、机械、工业、城市文明时是他最偏爱的用语；这点与布莱克的名诗《耶路撒冷》颇有共鸣，诗中布氏称工业化了的英国为"黑暗的恶魔作坊"。

由于甘地拒绝接受工业化与官僚集权化，他思想中文化主义与国际主义间的紧张程度也很小，他富有逻辑地攻击二者，因为他很清楚它们对印度社会及他亟欲保护的种种价值造成的效应。是故，和其他大多数文化民族主义者不一样，甘地拒绝为国家权力付出不可避免的代价。不但如此，他的国家主义和某种国家主义相混合，完全没有沙文主义的排他性与种族仇恨。"对我而言爱国主义有如人性，我之爱国因我是人且有情，那不是排他的，不会为了替印度服务而害了英国或德国。"[2]他并未在他宗教的普遍价值中为印度要求任何特殊的位置，是故其共相与殊相间的紧张度也较低："我的宗教没有地理的限制，只要我对

---

[1] Gandhi, *Hind Swaraj, or Indian Home Rule* (Ahmedabad, 1946), pp.55, 58, 25, 26.
[2] *Young India*（《青年印度》）( Ahmedabad, March 16, 1921 )。

之有活泼的诚信，它将使我的爱超越于印度本身。"[1]但是，他又如何提议在外国侵略下保卫印度呢？他用的是同样非暴力抵抗的种种方法，或者叫"Satyagraha"，字面的意思是"坚持真理"[2]——他创造了这个词，定义它为"灵魂力"或"真理或爱中诞生的力量"——印度的政治领袖在甘地死后完全没有遵从他的原则；反抗英国运用有效的办法，对付俄国和中国又如何，是为未知之数。

上文提过甘地是19世纪大部分英语的现代化批评的集大成者，他对那些观点的吸收大多是非意识性的；但他却一再肯定罗斯金和托尔斯泰是他的教师——此地因篇幅之限不能多谈托尔斯泰，不过他可以被视为斯拉夫主义者精神上的后裔之一，有如丹尼里夫斯基——1920年这位基督教传教士问甘地："请您告诉我什么书或什么人对您影响最大好吗？"他回答："《圣经》，罗斯金，托尔斯泰。"[3]在另一个场合他说："我不过是谦卑地献身追随印度的哲学大师和托尔斯泰、罗斯金、梭罗、爱默生及其他作家而已。"[4]

---

[1] *Young India*, August 11, 1920.
[2] 这个词通常指的是非暴力的直接行动，也就是我通常所谓的"消极抵抗"。
[3] *Young India*, February 25, 1920.
[4] 引文见 D.G.Tendulkar, *Mahatma：Life of Mohandas Karamchand*（转下页）

十三 印度的批评

在另外一个场合他声称:"三位当代人物在我生命中留下了深刻印象并令我着迷:巴海(Raychand Bhai)及其生活实践;托尔斯泰及其书《天国在你心中》(*The Kingdom of God is Within You*),罗斯金及其书《给未来者言》(*Unto This Last*)。"[1]在他谈到自己思想所受影响时,托尔斯泰与罗斯金每次都出现。甘地对现代文明与国家的看法大部分与托尔斯泰的观点相仿。罗曼·罗兰评论说:"他们二者间的共同点是极多的,或可说在他们对欧洲与西方文明的谴责方面,托尔斯泰的影响要更大一些。"[2]当然,也正是在这些方面,托尔斯泰和斯拉夫主义者间的近似性也最大。罗斯金对工业化的反应,对机器的不信任,对政治经济、阶级斗争及其他方面的看法与甘地也很接近。罗斯金本人当然是柏克、柯尔律治、科贝特的传人;而他以手工劳作为高贵的想法却与托翁近似,那也是甘地思想的基石。

西方对现代化批评的其他重要特征在甘地的思想中也

---

(接上页)*Gandhi*, 8 Volumes(Bombay, 1961), Volume l, p.109 所引。

[1] Gandhi, *An Autobiography*:*The Story of My Experiments with Truth* (Boston, 1957), p.90.

[2] Romain Rolland, *Mahatma Gandhi*:*The Man Who Became One with Universal Being*, translated by Catherine D.Broth (London, 1924), p.36.

极明显：他认为科学与技术在道德上是低劣的，常说："机器开始使欧洲荒芜，灭亡敲响英国的大门；机器是现代文明的主要象征，我深信它代表的是极大的罪恶"——梁漱溟也把机器叫为"近世世界的恶魔"[1]——他认为"科学种种真理与发现只是贪婪的工具；它们使需求倍增而由机器极力供应之"，这些东西也不能"把世界朝其目标进前一步"；"最最首要的考虑是人，机器不应教人们的肢体萎缩退败。"[2]在工业方面他也是一个绝对的反对者："尼赫鲁要工业化，由于他以为一旦将它社会化，就可使其免受资本主义之害；我本人则以为工业化的罪恶是内在的，没有任何程度的社会化可将之扑灭。"[3]他当然痛恨城市，他和梁漱溟一样认为那是所有现代世界罪恶的大集合，隐含在甘地对科学、工业与技术所反对之下的，无疑是他明晰而精确的洞见：只有在精神萎败的代价下才能获得经济成长。他明白乐观地梦想获得现代化的物质成果而避免其消极效应是枉然的。"我认为经济进步……是和真的进步敌对的……西方诸国目前正在物质主义的恶魔的脚底呻吟，他

---

[1] 梁漱溟：《东西文化及其哲学》，163页。
[2] *Young India*, November 13, 1924; Tendulkar, Volume 2, p.254.
[3] *Harijan*（《神子族》，指过去的印度贱民）Ahmedabad, September 29, 1940。

们的道德成长受到了阻碍，他们用镑、先令、便士度量进步；美国的财富成了标准，她是众国钦羡的对象。我看到不少同胞说他们要得到美国般的财富却避开它的办法；我胆敢预言：这个企图，如试行之，必然注定失败。"[1]至于真正的进步是什么呢？甘地一生都在主张："真"文明，人类文化与进步的终极标准是个人对其自身控制的程度，他能抑制自身动物性本能的程度。

甘地本人之不断简化其生活，他的禁食、食物规则、不用裁缝、禁止性交等，都是他认为之所以使人为人的例子。性也许是最好的例子：有如食欲，性欲是动物的本能，然而它又与进食有异，全部禁绝取食会死，禁绝性则不会。"一个男人或女人存在的最高成就即为征服色欲，人不能控制色欲则休想自主。"[2]他说的"色欲"指的是实际的性欲望与性活动本身，他是禁止他的信徒的："一对夫妻的满足情爱，和动物的耽于其中无异：这样的沉耽，除了维持种族之必要外，是要禁绝的……"[3]

我们已经知道，在西方的反现代批评中，自我控制，

---

[1] 引文见 *The India of My Dreams*, edited by R. K. Prabhu (Hind Kitabs, 1947), p.90 所引。
[2] *Harijan*, November 21, 1936.
[3] Gandhi, *Hind Swaraj*.

控制本能欲望,"内在"训练等都常和精神性等同。许多这种教义都倡行或宣称抑制,升华或控制本能需要为属其文化所先天具有,为其他文化所无。正是这个原因,甘地自己的思想很容易地吸收了像托尔斯泰、罗斯金等反现代化理论家,也吸收了基督教教义,基督教基本上就是一种禁欲的修炼。就甘地而言,人非禽兽,因他能修炼自己的本能,而他愈加修炼愈近乎为人。

甘地与梁漱溟可构成有趣的比照,两者都同样提倡一种国家重建纲领,梁漱溟对人性的根本标准,和其人之所以为人的看法与甘地近似。尽管他的用词不同,但他说的"理性"正是甘地所谓的"Brahmacharya"(字面上"引领一个人朝向神的行止"),接近甘地其他与控制本能欲望有关的说法。

但在梁、甘之间有一重要的不同,这个不同恰是梁漱溟在其《东西文化及其哲学》中主张的:存在于印度、西方与中国的不同。尽管印度与西方是一个连续体的两个极端:西方文化的意志动向是向前征服环境满足欲望,印度文化的意志动向则回转过头要灭绝欲望,两者都依赖理智和抽象、外在的原则(绝对性);同时追求那些目标都期以达到其逻辑上的极限。另一方面,中国则在中间。中国文化建基于直观而非理智,它是厌恶极端的,是故,不将任何原则推到其逻辑终端。[1]职是之故,在西方文化中,视本能欲望之满足为"好",那么愈满足愈好,其逻辑终端是享乐主义。甘地的"好"则恰恰相反——是为本能的控制与压抑;和西方却一样的,他将这个抽象原则用到其逻辑极限:既然控制本能欲望与胃口是好的,那么完全的禁绝本能冲动就更好,愈压抑愈好。

因此,甘地根据同样的逻辑,以为现代技术与工业——充其量为满足本能欲望的工具——是"坏的",不要最好。同时,西方的态度恰恰因其能满足本能欲望,所以认为是"好的",愈多愈好。梁漱溟作为儒家的代表,取的是"中道"——尽管基本上疑心工业与技术,却也接受一些,这是儒家的"中庸"。

梁、甘二人对西方文化的看法则完全一致:认之为罪恶、建基于人根本上是动物的观念,为外在的环境和内在的本能所驱使;然而,他们的文化理论却相当不同。甘地的文化理论中显示了其他亚洲反现代化思想家中我们可观察到的矛盾:他自然地对"一战"做典型的反响,也在印度与西方之间做二分——印度之于他,正如之于泰戈尔及

---

[1] 梁漱溟:《中国文化要义》,258页。

其他印度人,是亚洲的精髓。"欧洲的骚乱显示了现代文明代表了黑暗与邪恶的力量,而古代(印度)文明则代表了神圣之力的神髓。"[1]他对西方与印度文化的处理大部分以物质文明与精神文明的对立出之,这在亚洲反现代主义者中是极普遍的说法:

> 现代文明首要的是物质性的,我们的则为精神性的。现代文明把心投注在物质定规的探讨上,利用人类的才能以发明或发现生产的工具与破坏的武器;我们的则在于探索精神的律则。[2]

他常以宗教的语言来划分这种差别:

> 印度文明的趋向乃在于高举道德存在,西方则在于传播罪恶;后者是不信神的,前者则基于对神的虔信。[3]

---

[1] Gandhi, *Speeches and Writings*, p.329.
[2] 同上。
[3] Gandhi, *Hind Swaraj*, p.45.

## 十三 印度的批评

梁、甘二氏的文化理论也有相似之处,他们都宣称他们的文化优于西方,乃由于那文化早年阶段的特殊本质;两人都寄望西方在未来会接受他们的文化。然而,甘氏的理论却是单纯和粗糙的;梁氏的则较精微、博学与原创。好比说,甘地单单说印度在物质上的极度落后是可取的;梁氏则承认中国的物质落后,解释其原因,同时预测一方面中国将克服其困难,另一方面西方就要采用中国文化。

甘地最早的文化哲学出现于其《印度自治》中,在一个章节里,他总结了其后40年他所要说的:

> 我深信印度演化的文明不会为世界打倒,我人先祖播下的种子是无可比拟的……印度无须向任何人学习,本来就当如此……我们愈沉耽吾人之情欲,它们愈成为脱缰之马;我们的先祖遂为我们的沉耽设下限制;他们见到快乐大要为一精神状态,富人不一定快乐,穷人亦不一定不乐;富人反而常现不乐,而贫者多为快乐。贫者当仍成千上万。观乎此,吾先祖劝阻我人追寻奢侈与晏乐。我们用千年前的犁,住在早年已有同样的居室,吾人本土的教育也依旧无恙;我们没有腐蚀生命的竞争价率,每个人从事本职本业而支取定息;不是说我们不知如何发明机器,只是我们的

> 先祖明白，一旦我们置心其上，我们将成奴隶而失却道德的经纬。他们在深思熟虑之后，遂决定我们只应从事我们手足之所能，他们见到吾人真正的快乐与健康在于手足的应当利用。他们又进一步认识到：城市是一个陷阱和无益的集聚，人们在其中不能获得快乐，在那儿有成群的窃贼、强盗、娼妓，罪行在其中蔓延，贫人为富人所劫。他们遂满足于小村庄……[1]

甘地却不像梁漱溟，他从未自信地预言西方（或世界）会接受印度文化；他这方面的发言几乎可与泰戈尔、古斯等印度人或斯拉夫主义者互通。1947年，在他去世前不久在德国举行的亚洲关系会议上，他最后的发言如下：

> 我要各位了解的是亚洲的信息……你们完成对西方的征服是用真正的了解，不是因为受了剥削而报复；我恳请你们每一位将你们的心聚在一起——不光是头脑——了解这些东方智者留予我们的神秘信息，

---

[1] Gandhi, *Hind Swaraj*, pp.43-45.

对西方的征服必将完成；这种征服将为西方所爱，西方在今天是渴望着智慧的。[1]

〔甘地提到琐罗亚斯德、释迦牟尼、摩西、耶稣、穆罕默德、克里希那（Krishna）、拉玛（Rama），不包括任何中国人或日本人。〕

至于梁漱溟，其预测是建立在关于人类与历史本质的深邃与广泛思考之上的。他主张西方之被迫采用中国文化，不是他们听到了信息，是因为西方社会及历史本身自然的演化。

我们在下文将发现梁漱溟的文化理论是精微持一思考的体现，与甘地天真伶俐的断言判然是两个世界。事实上甘地的文化哲学类似于中国19世纪的西方保守主义者或20世纪的辜鸿铭处，多过类似于梁。

那么，为什么我说甘地比任何其他亚洲文化民族主义思想者都更接近梁漱溟呢？主要是因为他们主张乡村重建与地方自治的方案与理论。尽管在这两个领域他们的异点也真切地反映了梁氏理论中典型的中、印差异，其间仍存

---

[1] *Young India*, August 11, 1920.

在着惊人的符合之处。一开首他们就和许多农业理论家不同,两人皆从"事实"出发,而不是从"理论"。他们提出的农村重建计划不是最理想的,却是他们国家最合实际、最可行的方案。甘地说"我不是个幻想家,我是个实践的理想主义者"。梁漱溟谈到他的农村重建计划:"既然是事实问题,为什么不求之于事实?大约在方针上,还可有主观的选择;在计划里,只能顺着事实为精确的设计。然而我们的方针亦还不是主观的而好像是被决定的。"[1]

甘地从一个最根本的事实出发为其农村重建计划——建立新的乡村文明——辩证:"在少数的城市找不到印度,而要在70万个乡村去找。"[2]梁漱溟乡村建设理论的第一次具体而微的说明恰恰用同一的方式开始:

> 求所谓中国者,不于是三十万村落其焉求之?[3]

他们两人同时在国家自卫这个特别的层面上用刚好一样的方式为他们的乡村重建计划辩护:甘地主张"一个乡

---

[1] 梁漱溟:《乡村建设理论》,395页,又见《朝话》,90页;《漱溟卅后文录》(上海,1930),275—277页。
[2] 引文见 Prabhu, *The India of My Dreams*, p.22 所引。
[3] 梁漱溟:《漱溟卅前文录》,289页。

村的印度比城市的印度所冒外来侵略之险是要小多了"；或如梁漱溟所言，一个农村式组织的中国对工业强权的入侵能更有效的予以对抗。[1] 1931年日本侵入东北之时，梁漱溟的反应是指出甘地对抗英国工业势力的成功，建议中国似应采取类似的方式。[2]

在他们建设一个新的乡村文明的实用意见之下的，当然，是他们对农业主义所开的药方。他们相信，他们国家的未来希望在于农民。甘地露骨地宣称"我们只能自农夫得到救赎；不是律师，不是医生，也不是有钱的地主可以取而代之。"[3] 像梁漱溟一本小书的题目所言，乡村重建是《中国民族自救运动之最后觉悟》[4]，他认为，只有在乡村还留着一点"理性"和"感情"。[5] 对两个人而言，农民是他们文化道德优越性仅有的宝库。"一旦你和他们（印度农民）谈上，"甘地道，"他们也给你回话，你会发现智慧从他们唇间溢出；在粗糙的外观之背后，你见到了精神力

---

[1] *Harijan*, December 30, 1939.
[2] 梁漱溟：《对于东省事件之感言》，《大公报》（上海），1931年10月7日。
[3] Gandhi, *Speeches and Writings*, p.317.
[4] 上海，1932。
[5] 梁漱溟：《乡村建设理论》，378，379，383页。

的深邃蕴藏。"[1]他们两人也都指出印度大城市之能生存是因为"乡村为印度的城镇生产它们所有的需要；在我们城镇成为外国的市场并开始倾销外国的劣质次货以吸干乡村之际，印度遂日益贫困"。[2]农村问题解决唯一的办法，农村重建推行的唯一方式，就是城市青年知识分子的下到乡间。"乡村运动是要为村庄建立健康的接触，吸引为服务之诚燃烧着的人在其中安家落户，在为乡村服务中找到自我表现"，[3]甘地如是说。梁漱溟的话则为："换一句话说，革命的知识分子要下乡间去，与乡间居民打并在一起而拖引他上来。"[4]

梁、甘二人同时也都是官僚与集权应特别深仇的敌人，他们当然也都反对随之而来不可避免的非个人化及非政治结社之被摧毁。取代官僚的国家机构，甘地期待建立一个基于重整的乡村会议的平行机构、本土司法的地方系统及用印度诸语言的国立学校。梁的乡村重建运动也在乎达成

---

[1] 引文见 Prabhu, *The India of My Dreams*, p.39 所引。
[2] Harijan, February 27, 1937. 又见《乡村建设理论》，359—364，369—371，379—385 页；《中华民族》，195—196 页；《卅后文录》，285 页；《乡村建设邹文集》(邹平，1934) 72—74 页。
[3] D.G.Tendulkar et al.*Gandiji; His Life and Work* (Bombay, 1944), p.383.
[4] 梁漱溟：《乡村建设理论》，188 页。

一个极为类似的社会,他坚定不移地主张乡村重建在建立一个新的文化体系,明白且再三地否认任何政治性或官式的运动或结构可以使中国复苏或振兴。他和甘地一样感到官方或官僚势力的根本本质即对社会有害——社会所指的即草根阶层的非政治结社。他们都希望借地方自治方案达成乡村重建,而地方自治方案也都很类似于古代的乡村体制。甘地建议重建 Pancayāt(乡村会议)——一种礼俗社会式的印度家庭制度的扩大。梁则建议用"乡约",和甘地的想法有很多地方近似。然而,再一次地,甘地推进到了其逻辑的极限:"我理想中的乡村自治政府是个彻底的共和国,在自身最重要需求方面自足,却在许多必须依赖邻庄的方面相互依赖……乡村政府将由五人组成的乡村会议主持;每年村中所有成年人,包括男女,在设定极少的资格限制下,选举那五个人。会议具有所有的必要的司法与权威;由于没有一般意义下的惩戒制度,这个会议是在职一年中行政、立法、司法一体的机关。"[1] 甘地终其一生都在为这个会议奋斗,但,有如梁氏的古代中国乡村体制,它从未在国家范围内推行。甘地坚持到他生命的最后,在他

---

[1] *Harigan*, July 26, 1942.

死前一个月，他说新近起草宪法中略去"乡村会议""要求立即的注意，如果我们的独立真正反映人民的需要的话，会议的力量愈大，对人民愈有利"。[1]

梁漱溟的计划却没这么极端，然其目的如甘地一样，在于形成一种"由下而上"的民主，与建立乡民的权力。梁氏比起甘地尤其强调乡村社区对共同事务的积极参与；但也有如甘地强调乡约的非官僚性质：

> 即自动自发之意，而强制则为被动。自动与被动是不相容的：被动不能发生志愿；出于强制则无志愿，无志愿则完了。用官府之力量，就是强制，强制则使乡约成为假的，落于官样文章，而真义已失。[2]

如我前面指出过的，对中央集权官僚制度不可避免的成长——伴随着世界各地现代民族国家的创立而来的普遍现象，它的强化且与日俱增——的批评，是对西方现代化持续的批判的中心领域之一。我应在此指出这个传统在西方进入20世纪后更依比例地随着官僚化、都市化、集

---

[1] *Harigan*, December 21, 1948.
[2] 梁漱溟：《乡村建设理论》，204页。

权化的强化程度（及所造成对各种初级集团，非政治性结社的破坏）而日益加强。事实上和甘地与梁漱溟同时，欧美最少有几十个人规划了与他们相似的方案，也用他们类似的理由在辩论；这类重要思想家在英美两地就有：杜威（John Dewey，1859—1952），阿当斯（Jane Adams，1860—1935），布莱斯（James Bryce，1838—1922），柯尔（George D. H. Cole，1889—1959），拉斯基（Harold Laski，1893—1950），桑塔亚那（George Santayana，1863—1952），罗伊斯（Josiah Royce，1855—1916），蒙福（Lewis Mumford，1895—1968），乔德（C. E. M. Joad，1891—1953），索罗金（Pitrim Sorokin，1889—1968）及赫胥黎；甚至于包括建筑家莱特（Frank Lloyd Wright，1869—1959）和苏利文（Lewis Henry Sullivan，1856—1924），他们每个人建议在其上建立礼俗型社会的单位各有不同。有的，如经济学家柯尔（一个提倡基尔特社会主义的领袖）倡行以经济组织的团体。社会工作者阿当斯把"社区中心"（Settlement House）[如在芝加哥的贺尔之家（Hull House）]视为被工业社会摧毁的社区的重建单位，她在贺尔之家发动的各个计划都在于重新捕捉社会与交往的感觉。她说到有机社会关系的价值并强调将"社区中心"造成一个集体讨论与交往的中心；她的说法与梁漱溟的看待他作为乡约所在中心的"农民学校"并非完全不同。阿当斯的朋友杜威在"五四"年代对中国颇有影响力，不过，当他在中国思想界不再那么重要后，他对现代化的悲观感觉才明显出现。杜威对重建社区及非政治结社的最后答案是学校。他的三本关于学校的重要著作即标示了他对现代化加诸社会与基本社会集团的效应悲观加深的进程。1899年他出版《学校与社会》(*School and Society*)时，杜威仍能对建立一个结合科学年代的成就与礼俗社会德性的学校之可能性相当乐观。他暗示工业社会——通过教育——可能有办法培植自发性、同情与合作，使得工人们不再只是他工作机器的"一个附属品"。然而，他的理想与美国现实之间的差距迫使他重新结构他的观点，1927年他出版了《公众及其问题》(*The Public and It's Problems*)，他对现代化的某些结果充分表示了他的厌恶，他在活的社区与仅仅机械化的社会间做了壁垒分明的辨别——和突尼斯的礼俗社会与法理社会之分野很类似，他在其时对美国维持任何基本集团生命力的能力深感怀疑。他81岁时出版的最后一本书《杰斐逊的活思想》(1940)的导言是对杰斐逊思想的阐述，实际是杜威自己观点的伪装性表达，这可自他为杰斐逊辩护的方式上见出：他指出杰氏不但害怕华盛顿出现集权的政府，他还对比国家甚至郡治更小的自治社会赋予极端的重要性，像杰斐逊对新英伦的镇治印象之深，他想将郡分成好多个区，区的首要目的在于建立并维持学校。每个区都应是个"小共和国"，负责"维持损坏的道路、警察、选举，提名陪审员，掌理小宗诉讼、初级民兵的训练"。对这种形式的地方主义，梁漱溟和甘地的想法也不是完全不同的。

再回到梁、甘二氏的比较上，他们的农村重建方案最大不同的地方是在经济方面，这也完全反映了梁氏所提出的印、中之间所有的差异：甘地乡村方案的经济方面尽管包含了少数现代技术的运用，其大体基本上全是建立在农村手工业的振兴上。这并不只是一个经济性的问题，由于甘地指责印度文化特性与传统道德方面的颓败，他将乡间的纺轮高举为经济上必不可少的东西——一种宗教仪式和国家的象征，同时排斥大部分农作方面的机械化。梁氏却并非不分青红皂白地反对工业化，虽然有人认为他如此：

> 有人误会我反对物质文明，反对工业；我安有此意。我对物质生产增加和生产技术改进，原看得很重要的。我所以看重它的意思，则在于非这样不能给我们挪出重大的闲空，非这样不能使文化更日进于高明。[1]

---

[1] 梁漱溟：《朝话》，10页。

梁氏的工业化计划是中国的"中道",不是甘地的全盘排斥,亦非西方式的过度都市化、过度工业化。他提倡分散、中小规模的工业,建基于乡村,由乡民经营,主要在于直接适应于农业的需要。在他对分散及由地方主动的一般性强调外,唯一的例外是保有少数留给国有的工业,如国防、交通、能源发展和高等技术工业等。照他的看法,电气化和农业机械化可提高农村生产力。然而,不同于自由企业的发展,集体的和技术先进的农业经济将带来真正为大众服务的工业;农业与工业于是形成一个互相刺激的"循环":农业所需的化肥终将带出化学工业,农机也需要机械工业;农产品的加工将促兴一系列的其他小型工业。

甘地和梁漱溟的乡村重建计划,都激烈地反对阶级斗争;力主以非暴力的手段实现农村的经济平等。两个人都认为阶级战争——不管是资本主义的概念或共产主义的概念——是西方、现代的又一"邪恶潮流"。"我将极尽我全身的力量防止阶级战争"[1],甘地如是说。梁氏(包括甘地,都是暗示性的)承认阶级斗争可能很适合于西方社会,但不适于中国。事实上,梁漱溟辩称马克思的分析对西方社

---

[1] *Amrita Bazar Patrika* (Calcutta), February 2, 1934.

十三 印度的批评

会有效，对中国则不然。[1]

当然，这时期的许多其他印度文化民族主义的文化思想进一步阐述了上述主要的论点，事实上，它们都大同小异。例如拉德哈克里希南（S.Radhakrishnan）的一段话，事实上重述了我们讨论迄今大部分的印度文化理论：

> 西方文化机械化多于精神，政治多于宗教，较留意暴力而忽视和平……东方的人民不为霸力而组织，是为完善而聚合；他们不恨也不杀戮，不怀疑也不忌妒；他们爱惜并崇拜生活，且互相尊重……倘若欧洲能达到东方做人的理想，她将有一个比过去更光耀的未来……欧洲此后（"一战"）的机会取决于她对东方理想的采纳，那就是精神的爱，美，与自由。[2]

---

[1] 参见梁漱溟《中国民族自救运动之最后觉悟》142，146，147页。
[2] S.Radhakrishnan, *The Philosophy of Rabindranath Tagore* (London, 1918), pp.256, 278, 279, 281. 此处我应提到，"一战"后迄20世纪50年代，印度人出版辩称印度文明高超于西方现代文化的著作，少说有10本；这些书所据的公式主要为"精神文明对立于物质文明"。印度知识分子与中国以及日本人相比，是特别倾向于用这种录选其文化哲学，重要的例子如下：
Ananda Kentish Coomaraswamy, *The Dance of Shiva* (New York, 1924); Harendranath Maitra, *Hinduism: The World-Ideal* (London, 1918); Anilbaran Ray, *India's Mission in the World*(Calcutta, （转下页）

我们现在且放下对印度反现代化批评进一步的描绘，转到中国方面去。

---

（接上页）1930）；M.K.Acharya, *India's Higher Call* (Madras, 1934); G.K.Datta, *Road to Peace* (Calcutta, 1940); T.L.Vas Wani, *The Secret of Asia: Essays on the Spirit of Asian Culture*(Madras, 1920); U.P. Krishnamacharya, *The Wisdom of the East* (Benares, 1914); Nolini Kanta Gupta, *The Malady of the New Era* (Coimbatore, 1937); N. Lakshmanan, *India, the Fountain of Peace:A Sourcebook of Leadership for the New Era* (Coimbatore, 1937); Mahaaj Rana Sir Udaibhan Singhji, *Eastern Light of Sanatan Culture* (Calcutta,1946).

## 十四　中国的批评

我们现在讨论的只是中国对现代化批评的一小部分，特别是在"一战"后引起广泛注意的人物。

### （一）辜鸿铭

古怪的辜鸿铭（1857—1928）恐怕可算是中国最彻底的在文化上反动的批评者。表面上，辜在其文化哲学上与甘地相当接近，如甘地一样，他宣称他的文化中的任何东西都有价值，应当保存——他有时会特别指出如缠足、蓄妾、文盲、留辫子一类的事情。仔细地观察他们，其近似之处不小，但所以会如此，并非他们文化守成的全面性。相当讽刺地，是因为他们受到同一批英语的现代化批评者的影响，如罗斯金、爱默生、阿诺德、纽曼、卡莱尔，以及其他浪漫派诗人。他们两个也都和托尔斯泰通信。这是因为他们两个差不多同时在英留学，而上述作家当时正是最红的时候。

早在战前辜已经以一个对现代西方的决绝苛刻的批评者著称于世,将他和战时或战后的批评者相提并论似不恰当,不过,辜在战时出了一本书(《中国人的精神》),书中一如梁启超1919年之所为,敦促西方接受中国文化以自救。其次,尽管一般的印象以为他是个极端甚至怪异到不类的文化保守者,他和梁漱溟及张君劢起码共有一个中心的意念。

辜是个奇妙而独特的人物,由于其教育背景,他的文化哲学应该视为西方对现代化批评的一部分——我们将会留意到,他绝不是如其他亚洲批评者那样的反对西方文化——严格地说,他应当算是现代批评者中东方主义集团的一员。如梁漱溟的朋友卫西琴和印度主义神论者贝桑特(Annie Besant,1847—1933),辜本人是本书主要论旨的一个活生生的例证:东西方现代化批评的具体内容根本上是相同的(如果把国家主义摆在一边的话)。

辜生在槟榔屿,一个在马来西亚这英国殖民地生活了数代之久的福建家庭中;他10岁那年就被送到了英国,在爱丁堡一直待到21岁,他家的一个苏格兰朋友一直在照顾他。1877年他在爱丁堡大学获文学学士学位,接着他到德、法深造,1880年回到槟榔屿,时年23岁。是故,文化上(无疑地思想上)辜是个西方人,全部的教育和大部分的"涵化"都在西方的欧洲。因此,很讽刺地,这个中国文化的坚强护卫者从未学好中文,而他的英文则无懈可击,另外德、法、意语颇具造诣,并精通拉丁、希腊文。他在24岁前,几乎没受过中国语文的教育,他的外文始终优于中文,就连他的及门弟子在他死后也不能不写道:"他对中国事务的知识从来都不够深刻。"[1]

不管辜的一生多么特别,他的少年与我试图提出的反现代化思想者的模式是相合的;他早年追随的是现代化(西方)的道路,二十几岁时,经历了危机而"觉醒"。1880年,他24岁时首次回中国,他显然找到了他的"认同";像我们讨论过经历了"危机"的其他人一样,危机造成了他生命及生活上的巨变。他换上了长袍,留了辫子,学习中文——在学中文时,他叹道:道在是矣。

我们不讨论他做了二十几年张之洞的幕僚,他在外务部的官职及其学术著作,我们只专注于他的意见和写作。

辜的首篇著作是1883年底发表于《华北日报》的匿名

---

[1] Chang Hsin-hai(张欣海),"Mr. Ku Hung-ming," *China Critic* (Shanghai) 1.1 (May.31,1928)。显然地,辜氏的第一种语言是泰米尔语(Tamil),其次是马来语,第三才是福建语。这出乎常人的语言背景,似可说明他语言上惊人的天赋。此点可参看 *North China Herald* (Shanghai) May 5,1952, p.182。

文章，当时他已学中文多年。[1]文章题为"中国学"（Chinese Scholarship）（意即西方之汉学），此文为其后40年的写作定下了基调。文中，辜氏在技术的层面对西方社会学者——贾尔斯（Herbert Giles,1845—1935）、史密斯（Arthur H. Smith,1845—1932）等人猛烈攻讦，同时也在广泛的基础上指斥他们不了解中国文化，认为他们扬扬自得、沾沾自喜的所谓中国传统的特性根本是错的，是故他们不能执行研究中国真正的最终目标，而使得西方了解中国。终辜氏有生之年，他都献身于这个目标，不断地努力向西方证明：首先，他本人才是真正的中国权威；其次，中国文化最起码和西方文化一样有价值。

辜文的另一特色是，他引用的几乎清一色是西方的作家——特别是阿诺德、卡莱尔及其他浪漫诗人，他的文章也都紧跟了维多利亚时代批评西方的西方著作，将他们的评论进口到中国，唯一与他师事的西方人不同的地方是：中国与中国文化取代了前现代时期西方文化的地位与功能。

当讨论到在中国的西方人时，尤其是对传教士与通商口岸的洋人社区，辜是特别刻毒的。终其一生，他们都是

---

[1] "Chinese Scholarship," *North China Daily News*; (Shanghai) ,October 31,1883,pp.496-497; November 7, 1883 , pp.524-525.

他"反西方"攻击的对象。但他攻击的不是"西方文化"本身。同时，他这篇文章是用英文写的，而他大部分重要的著作也都是英文的。

辜的大部分著作都是为使中国文化能为西方了解而作的，如1898年出版他译的《论语》，就显然是从事西方社会学的学者所不为。译本中，他用现代英文——不像列格（James Legge,1815—1897）之译四书五经——同时为中国的人物找其西方的对等；例如他称尧舜为亚伯拉罕和以撒（Issac）。当然，译文中他引用阿诺德、爱默生等人为权威，也不时地对其义理上的敌人抽几鞭子——如实证主义的斯宾塞，以及这类人所代表的对现代西方的信心：

> 现在人们谈论"进步"，进步也者，据歌德而言，其意谓的是人类"进步"成更加"像人"。由此观之，中国在两千年前，似乎在文明上已有了真的进展。[1]

他谈到的是儒家之书。他此书及其他诸书所表达的是：孔子在世界历史上是独一无二的，因他建立了一个不

---

[1] *The Discourses and Sayings of Confucius*, translated by Ku Hung-ming (Shanghai,1898), p.174.

是宗教的宗教，因儒家是纯然的道德体系，不是崇拜上帝或诸神的宗教；其功能与西方的宗教近似，也与西方的法律近似，它是道德的律令而非法律。再者，儒家强调义利之分，此乃中国文化之核心与根本原则。这些皆为辜氏之定义。中国文化的反面与其说是西方文化，毋宁说是"现时"的（意即现代化中的）西方文化。欧洲人成了"现代的自动机械怪物，既无道德责任，亦无道德权利"，他们是庸俗、粗陋、物质的、机械的……以及其他我们二分概念中负面的东西。"西方真文化"是他所师事的阿诺德、卡莱尔、华兹华斯、纽曼等人所代表的，他从未攻击"他们的"西方文化。

辜氏著作的书名象征着他在东西文化问题上的立场，事实上也象征了他一生的工作。在《中国牛津运动的故事》[1]一书中，辜氏认为纽曼的反现代化运动和中国的同样运动——辜氏指的是以张之洞为成员之一的清流党——所反对和攻击的是同一个敌人："现代欧洲高度物质文明的破坏力量。"辜氏其实是说中国和西方的"真"文化有同样价值，并有共同敌人。是故，我认为辜氏可被视为一个欧洲

---

[1] Ku Hung-ming, *The Story of a Chinese Oxford Movement* (Shanghai, 1909).

的现代化批评者,也是一个中国的批评者,由于他特殊的文化背景和特质,他结合了两种角色。

据辜氏的意见,东西方的两个运动阻止现代化之潮都失败了,原因在两者的思想领袖对他们自身文化的了解都太褊狭了,纽曼只知基督教,而张之洞只知儒家,他们应了解并认识两者的价值。他之所以如此说,有两个方面的意思:(一)"真"的西方文化与传统中国文化皆具有同等之最终价值;(二)只有对两者充分了解的人——他是说他自己——才能成功地拯救两种文化。

由是以观,辜氏并非一个反对西方文明的中国文化民族主义者;相反地,他既是东方也是西方的现代化批评者。如我们仔细看他的书,就算他痛击西方事物之际,他总是多少确定他攻击的是"西方"的什么。例如下面这一系列关于1904—1905年日俄战争文章的开首章节:

> ……使得现代半开化、半教育的欧洲人坚持来到中国和日本,那些崇拜暴力及其更露骨的形式——金钱——的欧洲人,他们心底说的是我不信神,政治的世界没有义理,对道德律不顾不惧。——为了使得那些现代欧洲人(如果他们非来中国、日本不可的话)以道德律所要求的所有顾虑和尊重来对待日本和所有

> 他们称为亚洲人的人,遵照人之为人的内在道德品质,而非依据他们面孔和皮肤的颜色——[1]

这段话的某些辜氏写作的特色正说明了他的基本立场:

第一,他明指攻击"西方"的地方,不是轻蔑所有的欧洲人,而是"现代"半教育的(不像他自己)半开化的欧洲人;这点与他所师事的欧洲反现代"盟友"们——阿诺德、纽曼、爱默生等——对敌人的描述是一致的。第二,是那些"坚持来到日本和中国"的欧洲人,那些在通商口岸的西方人,从来都是辜氏恶狠狠痛击的对象,因为恰是他们公然地视亚洲人为一个"种族"而加以轻蔑。这点在辜氏著作思想中至为明显,吾人当可了解其理由。在苏格兰长大时,他或许是爱丁堡唯一的亚洲人而成为仅有的种族歧视的对象,他与欧洲人的社会接触必定是属于那种口岸种族主义式的。他果真痛斥他们:1. 不了解东亚——此为其所有著作中针对西方人的主要批评;2. 由于前一点,他们不尊重东亚文化;3. 他们在道德上的低劣,不是"真正"的欧洲人。

---

[1] *Japan Weekly Mail* (Yokohama), December 10, 1904, p.652.

十四 中国的批评

震怒于西方人对亚洲种族主义的侮慢，在辜氏的写作中是从来没有隐匿过的——其他亚洲反现代主义者亦然——而日俄战争就辜氏（还有许多其他人）而言即成了赢取对亚洲文明尊重的圣战。这种态度当然不只限于辜氏。泰戈尔纪念日本战胜帝俄的日本体诗，据说即引发了文化大学所在地学生们的胜利游行。[1]

当然，辜氏大部分著作（主要为英文）的目的即在于使西方人了解，并通过了解尊重中国文化。他对日本极端偏袒的态度不只由于他反西方的种族仇恨，也因为他深爱的、为他生了子女的第一位妻子是日本人。事实上，就辜氏而言，是因为日本在蒙古人入关前向中国采借了高度文化，是故，他们是"真正、原出的中国文明——真正儒家文明"的守护者。

同样具个人性的是辜氏个人的教育，实际上其文化理

---

[1] Hay, *Asinan Ideas* pp.42-43. 辜氏对种族问题特别敏感，譬如他提到对一个英国人的话大为光火，那英国人说："你们中国人很伶俐也有好记性；尽管如此，我们英国人还是认为你们中国人是次等的种族。"见 Ku Hung-ming, *Papers from a Viceroy's Yamen: A Chinese Plea for the Cause of Good Government and True Civilization*(Shanghai,1901),p.viii。辜氏最常引用孔子的一句话是"有教无类"，但他对"类"的解释是"种族"；对义和团他解释道："对外国人的反抗……因为他们看不起我们。"见 *Living Age*,March 5,1921,p.563。

论——倡行"综合"中国与欧洲文化的"最佳部分"——也就是他个人背景的体现。无可否认,1908年他警告皇上小心其政府的现代化方案,但他真正反对的是表面抄袭西方的缺点与误解西方,正如他之反对西方人误解东方,他反对那些在西方接受狭隘专技训练的中国留学生所提的现代化方案;因为他觉得,尽管他们是中国人,他们与通商口岸"半教育""半开化"的西方人无异。辜氏不明示的文化理论是综合中西文化,与梁启超及梁漱溟的理论并非十分不同——尽管后者的理论比诸其他中西文化综合的亚洲理论都要复杂并明晰多了。辜氏公然表白的恰属此点:结合"一种道德价值的美好之真意味,用旧中国的文明联结于一种理解与阐释现代欧洲文明扩张进步理念的心向"[1]。其文化哲学的精髓实则来自西方传统本身:19世纪及现代化批评者阿诺德、卡莱尔及其他浪漫诗人们。他用部分西方的标准来判断西方。他以为中国文化优越于西方的想法发生得比较晚,是因为"一战"的关系。在《中国人的精神》(1915)一书中,他首次倡议西方倘要从毁灭中自救,必须采用儒家;这个主意其后在梁启超(1919)及梁漱溟(1922)

---

[1] Ku Hung-ming, *The Story of a Chinese Oxford Movement*, p.92.

等较后来人物的思想中以不同式样出现,也恰是"一战"的缘故——辜氏早年认儒家为执行宗教功能却不包含超自然因素这个念头再度出现,也在这基础上他敦促西方采行儒家思想;他们的宗教,在理性批判之下,已经被毁:

"作为一个道德力量,基督教已经无效",辜氏说,但缺少了有效的道德力,西方必须依仗粗暴的力量防止社会解体。"是故欧洲人民是在牛角尖的两端,要是他们抛弃军国主义,无政府主义将摧毁其文明;他们保留军国主义,他们文明将在战争的破坏与浪费下崩溃。"[1]辜氏暗示道,目前进退维谷的最终因由乃在于西方文明的基本本质,它仅依赖个人私利保障秩序。是故,上帝靠其教士(宗教)或法律靠其警察(国家),基本上是一个办法,此法比儒法低劣多了。儒家并不仰赖于个人的利益,而仰赖于纯然的德性,不靠惩罚,也不靠奖赏,"没有教士,没有警察,也没有兵"。这个思想在若干其他中国现代化批评者(如梁漱溟)中也曾出现。[2]

---

[1] Ku Hung-ming, *The Spirit of the Chinese People,* p.ii.
[2] 参见梁漱溟《乡村建设理论》22—32,65,114—118,140页。
《中国民族自救运动之最后觉悟》119,125页;《朝话》9,32,61页。
《中国文化要义》18,65—69,91—92,205—210,267,285页。290,301—306页。

在结束对辜鸿铭的讨论前,我应解释:既然他的文化哲学与其他人如梁漱溟无大差异,为什么他那么激烈的偏袒中国文明的每一个方面。我想是由于他不寻常的背景:他是既非西方亦非东方的,或可说绝非纯然是中国的——生在外国,在西方受的教育,只讲马马虎虎的北京话,和日本人结婚,没有中国的科举名位,辜氏乃一没有安全感的"外人",他无疑被中国的饱学之士视为外人而看他不起。说不定辜氏始终要证明他是真正的中国人,他遂借对中国所有事物不分青红皂白地呵护支持来证明他非"假洋鬼子"。

最后我要指出,在战时与战后欧洲悲观与幻灭的氛围中,与泰戈尔、冈仓觉三等成为东方著名的圣哲的,是辜鸿铭,不是梁漱溟或梁启超。在那时代,辜氏极受欢迎,他的书是欧洲大学哲学课程所必读[1],译成了多种欧洲文字。西方多位哲学家引用其书为重要权威;西方客人竞相走访,敬聆教诲,英国名作家毛姆(Somerset Maugham,1874—1965)[2]就曾写书志之。

---

[1] Ku Hung-ming, *L'Esprit du peuple chinois*, P.Rival, translator(Paris, 1927); *Lecatcchisme de Confucius*, Ku Hong-ming and Francis Borrey, translators(Paris,1927).
[2] W. Somerset Maugham, *On a Chinese Screen*(New York,1922),(转下页)(接上页)Chapter 38.

十四 中国的批评

具有讽刺意味的是，辜氏西方的名望为他在其他亚洲人中也带来声威，泰戈尔1924年中国之旅特别向他请教，甘地称他"尊贵的中国人之一"。[1]然对中国知识分子，辜氏，诚如他所害怕的，依旧是一个"外人"。

## （二）梁启超

20世纪中国的前20年，梁启超（1873—1929）是最重要的思想领袖。他的地位主要在于对应日本的福泽谕吉及其他西方化论者，一生专注于向中国介绍西方文化。然而，1919年游欧之时，他对采用西方文化的可欲性这个问题似乎彻底改变了主意，因而他在《欧游心影录》中向国人告示了西方哭求东方的精神慰藉——对他而言东方即中国，正如对泰戈尔、甘地是印度，对冈仓觉三则为日本。

---

其他回忆辜氏并对他表示景慕的西方人士及其著作有：Richard Wilhelm, *The Soul of China*, translated by J.Holroyd Reece(New York,1928),p.94; Alfons Pacquet, "Vorwort", in Ku Hung-ming,*Chinas Verteidigung gegen europaische Ideen*(Jena,1911); Rrginald F.Johnston, *Twilight in the Forbidden City*(London,1934); Francis Borrey, *Un sage chinois: Kuo Hong Ming*(Paris,1930)。

[1]《人世间》半月刊，(上海)第十二号（1934年9月），2页；Mohandas Gandhi, "A parallel from China," *Young India*, February 9, 1928。

有趣的是,梁氏对西方文明的立场反转的主要原因乃"一战"后西方知识界的愁惨与悲观;是故,我们可说梁氏的《欧游心影录》不过是他不断将西方思想向中国引介的事业的一个延长;然而,无疑地,文中却包不住他喜不自禁的语调,结论道:"西方文化到底不是完美无缺。"谈到西方对现代化与进步的虔信由于"一战"而破灭,他们有意也准备好与中国在平等合伙的立场,共建一个调和中国精神与西方物质的未来世界文明时,他的喜不自胜实溢于言表。他倡议创建"新文化系统",调和东西诸要素以保证全人类的精神救赎,这些当然与前此讨论的印度文化公式无丝毫不同。唯一的差别是:后者以印度代东方,梁氏则以中国代之。

梁氏最重要的二分法为:"精神"与"物质"文明的对峙——与大部分印度批评者类似;其他反现代的典型二分法也同时存在。例如他日益明示赞同地告示日增的反对官僚制与集权,同时敦促中国注意地方自治;他提倡社会主义,将之与非人性化、无情的资本主义做鲜明对比。

但是,梁启超苛责的主要焦点则为科学,他似乎以之为理性主义——如我全篇中一再强调的,科学也者无非理性主义之道用于物理世界——是故其《科学万能之梦》中的著名章节,吾人可称为"现代化万能之梦":

## 十四 中国的批评

大凡一个人,若使有个安心立命的所在,虽然外界种种困苦,也容易抵抗过去,近来欧洲人,却把这件没有了。为什么没有了呢,最大的原因,就是过信"科学万能"。欧洲人的内部生活,渐渐动摇了。社会组织变更原是历史上常态,生活就跟着他慢慢蜕变,本来没有什么难处,但这百年来的变更却与前不同,因科学发达结果,产业组织从根底翻新起来,变既太骤,其力又太猛,其范围又太广,他们要把他的内部生活凑上来和外部生活相应,却处处措手不及,最显著的就是现在都会的生活和从前堡聚的村落的生活截然两途,聚了无数素不相识的人在一个市场或一个工厂内部共同生活,除了物质的利害关系外,绝无情感之可言。科学昌明以后,第一个致命伤的就是宗教,人类本从下等动物蜕变而来,哪里有什么上帝创造,还配说人为万物之灵吗?宇宙间一切现象,不过物质和它的运动,哪里有什么灵魂,更哪里有什么天国。托庇科学宇下建立一种纯物质的纯机械人生观,把一切内部生活外部生活,都归到物质运动的"必然法则"之下,他们把心理和精神看成一物,根据实验心理学,硬说人类精神,也不过一种物质,一样受"必然法则"所支配,于是人类的自由意志,不得不否认了。意志

> 既不能自由，还有什么善恶的责任，我为善不过那"必然法则"的轮子推着我动，我为恶也不过那"必然法则"的轮子推着我动，和我什么相干。如此说来，这不是道德标准应如何变迁的问题，真是道德这件东西能否存在的问题了，现今思想界最大的危机，就在这一点。[1]

梁启超试图界定的危机，当然是西方文化的尼采式的结论——逻辑地向前发展引致了无意义与无价值。梁宣称，德性死亡无可避免的惊人结果就是世界大战，而"一战"便是一个报应。现代化自然地以连串的技术装备了西方人，也剥夺了他们所有的道德标准，其结果乃他们几乎成功地摧毁了他们自己。恰恰是大战提醒了西方，自其现代万能的迷梦中及物质无限进步的虔信中醒觉过来。梁氏举出柏格森一类思想家的出现（其思想与19世纪"科学的"现代化思想根本上有异）作为西方文化发展过程中决定性改变的指标。倭铿的哲学就梁而言为西方对"精神生活"产生新兴趣的例子——但如我从前就指出的，倭铿与柏格

---

[1] 梁启超：《欧游心影录》，101—111页。

森不过是欧洲不断对现代化进行批评的最近表现而已。

梁启超文中最重要的部分则为欧洲向东方哭求精神支援的这个消息。他描绘与欧洲社会主义的一些领袖所开的会议,会中他向他们谈了孔子与孟子的教义:

> 他们都跳起来说道:"你们家里有这些宝贝,都藏起来不分点给我们,真是对不起人啊。"

因此"近来西洋学者,许多都想输入些东方文明,令他们得些调剂"[1]。

梁启超建议一个重温中国过往的全国运动,借之消除多年积累下的讹误曲解,它们使得中国隐含的要义与价值日益蒙蔽不张。他说:中国文化或文明是"精神的",而西方文化则为"物质主义的",但他从未精确指明所说的究竟是中国文明的哪一部分,也从未系统说明西方要引进的是哪些部分。他只是单纯地指出中国的某些文化不适于现代世纪——"譬如孔子,说了许多贵族性的伦理"[2],另外还有许多(例如中国佛教、文学、艺术等)对西方是有价值的,

---

[1] 梁启超:《欧游心影录》,26页。
[2] 同上书,37页。

"欧人研究佛学日盛一日"。——有如其他的文化民族主义者,理所当然的,恰是文化的内部、主观、非重复等诸方面,他遂宣称值得西方一学。

然而,梁启超并未如辜鸿铭,宣称中国文明的一切都是有价值的。他向西方推荐的——有如辜鸿铭——则为儒家与佛学,因为:(他暗示说)这些不会如基督教,在理性主义之前崩溃。辜氏违反了自己的反功利原则,以功利的陈词公然推举儒家:儒家产生与宗教一样的"功能"以维持社会秩序;西方在其上帝死亡之后产生不可避免的混乱则只有用儒术救之。梁的说法却不一样:他有意暗示宗教已经被毁;

> 从前西洋文明总不免将理想实际分为两极,唯心唯物,各走极端,宗教家偏重来生,唯心派哲学高谭玄妙,离人生问题都是很远,科学一个反动,唯物派席卷天下,把高尚的理想又丢掉了[1]。

如果中国能在今日遵行圣贤的榜样,"我想不知有多少

---

[1] 梁启超:《欧游心影录》,36页。

境界可以辟得出来哩"。

然而，新文化运动对儒家种种价值的猛攻恰恰与启蒙运动对基督教的攻击相平行；"五四"运动的战斗口号"打倒孔家店"和伏尔泰的口号"粉碎恶势力""Ecrasez I'infame！"——指的是天主教会与"正统"的建制等——也恰恰平行；两者都站在理性的立场，向旧道德及其建制的恶势力猛烈攻击。

梁启超的文化公式中其共相与殊相间的矛盾是很明显的。一方面，他声言中国文化的绝对价值与普遍性，因而要求中国的青年们："我们可爱的青年啊！立正，开步走"；他之如此说，因为青年们是中国人，理应情绪上服膺中国的过往；他呼吁他们研究民族的过去以找出过时传统遮蔽下真正的民族精义，去追寻，传播——换句话说——一种"民族的精髓"。因此，尽管他以为特殊的中国精神对全人类皆普遍有益，他又同时将之与诉诸民族精髓相联系，强调中国对中国文化的特殊责任。

"一战"后，中国出现了很多文化融合的理论，梁启超之攻击物质主义的西方，呼吁保存和推展中国精神只是它们中的头一个。其他的融合论者中，有很多像梁启超早年完全投身于向中国引介西方文化，他们也和梁一样很乐于知道西方发现了自己的缺失，更乐于对之表示同意。例如严复，他写道："觉欧人三百年之进化只做到利己杀人、寡廉鲜耻。"[1]蔡元培对未来世界文化的蓝图也与梁启超近似，他呼吁融合的是"东西之所长"，没有一个这类的公式解决了共相与殊相间的基本矛盾，普遍应用与民族精髓间的冲突。

真正解决其间之紧张的是梁漱溟在其《东西文化及其哲学》中最富原创性的说法，下文将有详论。同时，虽然所有这种蓝图都提到欧洲战后的自我批评与自我怀疑，却没有人视之为西方持续对现代化进行批评的一个部分，即便梁漱溟也没有。

在梁启超文化融合的说词中，还存在着一个矛盾应予注意：他并非有意识地用西方对中国过去的一些方面的赞同来证明那些方面的价值，并以之支持他拯救民族之过往的祈愿。他潜在的思考为：某些西方知识分子称赞我们传统的某些部分，是故，那些部分必定有其价值，应予保守。恰就在这里暴露了中国知识分子们无意中乖离了真正的传统文化主义。在西方对之加以挑战之前，或者说，在现代化对之挑战之前，中国文化（或中国之生活方式），对中

---

[1] 郭湛波：《近五十年中国思想史》（上海，1936），61页。

国人而言是并不中国的；反而，它仅仅是真正为人的文化，唯一合理的生活方式，放之四海而皆准的价值和人之所以为人者之谓。到了"五四"时期，中国文化对中国知识界成了中国的东西，也就是说，它成了相对于中国的东西，就全人类而言不再是绝对的了。对中国知识分子而言，其普遍价值不再其理自明了。尽管梁启超等人希望中国文化中有普遍性的因子将融入未来的世界文化，他们总是倾向于为他们的有效性争辩，而不视之为当然。

不但如此，他们过分倾向于依仗西方所给予的赞同，并予这类的赞同以高度评价。这个情况是如何跟真正的文化主义有异，与从前的中国文化主义一比就看出来了。例如，18世纪，一些耶稣教士在康熙治下任职，他们对中国生活方式的某些方面表示赞同，他们的中国同僚并不在意，自然，就算耶稣教士有些批评中国文化的话他们也不会在意。至于梁启超和他的同辈则不然，他们的态度比之往者，是要兴奋得多了。

## （三）梁漱溟

如上文所提及，梁漱溟（1893—1988）恐怕是亚洲反现代思想家中最为精深的一位。他和大部分中国思想家一样（却与许多印度的反现代思想家不同），以为传统中国文化的核心可以与现代——或最起码，某种形式的现代化——相容并处。他的文化哲学最早成形在其1921年一系列的讲演中，其后收入《东西文化及其哲学》一书中，现在我们只讨论这本书，我想提醒一下，其后60年间他都不断在发展是书之理论。1980年他完成了一部新的巨著《人心与人生》，似可视为他理论的最后表达；而他第一本书中的理论，仍是该书理论的核心；他本人直到今天依然相信《东西文化及其哲学》一书的正确性。[1]

不像梁启超，梁漱溟早年生活的式样和我们反现代思想家的模式相合：他的第一个家庭教育与正式教育都是西方式的，他进的是最早的西式中学之一。20岁前，他是个献身的边沁式功利主义者，一个多多少少的"全盘西化派"。他对中国文化没有兴趣，中国传统文化中有很多是他所不喜欢的。他以为中国欲富强必须走西方所由之径，极力支持以西方为样本的制度、政治与社会改革。

1912—1913年，共和革命成功之后，梁氏经历了一个严重的精神危机，两次企图自杀，这个经验将他永远地

---

[1] 我1980年访问梁氏时，他说他认为《东西文化及其哲学》一书中所说仍是成立的，唯一的例外是关于"本能"可能是抄错了。

改变了,我们可以定此时为其文化理论产生之日。几年之后,梁漱溟又再经验了一个回合的沮丧,其后则为第二次的"觉醒":

> 顿然恢复得和平正常心理,正有不待切磋而各自觉悔者。而数年往来于胸中的民族前途问题,就此新经验后,从容省思,遂使积闷凤瘪,不期而一旦开悟消释。
>
> 悟得了什么?并不曾悟得了什么多少新鲜的。只是扫除了怀疑的云翳,透出了坦达的自信;于一向之所怀疑而未能遽然否认者,现在断然地否认他了;于一向之有所见而未敢遽然自信者,现在断然地相信他了——否认了什么?否认了一切西洋把戏,更不沾恋,相信了什么?相信了我们自有立国之道,更不虚怯。天下事,有时非敢于有所舍,必不能有所取;有时非有所取,亦每不敢有所舍。不能断然有所取舍,便是最大苦闷。于所舍者断然看破了;于所取者断然不予放过了;便有天清地宁,万事得理之观。——我们之所谓一旦开悟亦不过是如此罢了。[1]

---

[1] 梁漱溟:《中国民族自救运动之最后觉悟》,11页。

这是梁漱溟计划在乡村重建的基础上创造一个新的中国（最终成为新的世界性的）文化之前所发生的突然觉悟。然而，是他早年的首度危机，产生了他基本的义理认定。他的情绪的历程却是比单单这两次觉醒远为复杂的。在这过程中，他父亲梁济占了重要的地位，他反对儿子参加同盟会支持西式改革，最后他在1918年以戏剧性的自杀作为对现代化的抗议，这当然在梁漱溟的情绪生活上成了重要的因素。此地，我将这一我在他处详论之点且一笔带过。[1]

东西文化问题所蕴含的根本问题，也就是非西方所有反现代化批评者所蕴含的问题：本土文化价值与现代化之间的紧张关系。保存本土的生活方式与产生力量的现代化能够共存吗？许多印度籍评论者的结论是不能，许多中国籍的评论者则以为可以；就两国这方面的思想家作为两个整体而言如此的概括是可成立的。在梁漱溟的例子里，情况却有些特别。如果严格且逻辑地分析他的文化理论，他的答案应当是不能共存；然他自己对这问题的答复却是可以，那恰是他乡村建设理论与运动所维系之大问题。梁氏之所以独特，因在各式各样中国反现代化思想家中，只有

---

[1] Guy Alitto, *The Last Confucian*, pp.1-80.

他亲身力行,通过乡村重建运动将其关于文化的哲学理论推行于社会。

然而,尽管在许多方面看似例外,梁氏的思想可说是典型地反现代化的,其文化理论比起旁人精深得多;而从其著作的仔细研究中,可以发现:我们列表中所有的二分概念在他思想中——以不同的样式——几乎都是存在的(某些二分领域如集权、官僚、城乡等,在其第一本书《东西文化及其哲学》后始出现,本书不详论)。

"文化"这个范畴是梁氏理论的基础,乃建立于佛家唯识宗之形而上学之上,以为寰宇乃永恒的流转;宇宙与生命的隐含的实在乃"大意欲"(类似于叔本华所言的意志)。个人对大意欲之体现相对于阻碍其实现的障碍间的斗争即为生命的过程。精神——或未得完成的意志——向环境有所需索:在一系列需求与反应的不断互动间克服环境的障碍。"生命就是没有尽的意欲";生命过程,由是,成为对个人意志表达所提出的无尽系列的问题。文化——梁氏的定义是"生活样法"——人们解决意志之需求与环境的障碍间种种矛盾的方式,如大多数我们讨论过的理论家,梁氏主张文化乃"活的东西"。文化之不同乃由于意志的方向的不同,或意志对待环境障碍的方式之不同。

梁漱溟接着提出了三个理想的文化类型(三种不同意

志方向的表现），它们，话说回来，造成对环境问题的种种不同看法（或者说，意志与环境间不同的矛盾）。第一类型由西方为代表，乃意志正常及一般的方向，乃对作为动物之一的人类的基本需要进行反应：食物、住所、性等需要。于此，意志向前推进以征服环境并满足基本需求。西方文化的所有特征与产品，如科学、民主、技术等都从这个意志的方向自然地发展而来。

第二类型，意志的基本方向是使意志本身与环境相调和的途径——在意志的需求与环境间达成一种平衡状态。这种文化类型处理情绪上生活满足的种种问题，由是得到较大的内在满足与快乐，这以中国为代表。

第三类型由印度代表：意志回转向它本身将之加以否定。这个文化中，以压抑欲求来解决种种矛盾。

为了叙述上的方便，我们可以比喻地说，在要求住所的意欲需求下，面对环境中倒塌的房子这个障碍，典型的西方式解决矛盾的方法是将旧屋完全拆除，重建一间新屋，中国人则修葺旧居，而印度人则试图消除居住的需求。

在人类进步的一定阶段上，每个阶层相互继接：最先，比较原始阶段的存在，鲁莽地向前直冲，压服环境来满足人类有机体的基本欲求；在人们获取了其基本需求的满足之后，他们开始关心到达一个满意、快乐、情绪上富足的

## 十四 中国的批评

生活的种种问题,也就是说,真正享用其物质所得,在生命中找到欢快的问题;当人们达到这种内在快乐与满足及外在的丰饶与富足的状态后,人类遂逻辑地进入面对人类存在真正最终的问题——人世之无常与人生之必死——这是第三个阶段,在这阶段中人类最终从内在自身及外在世界两方面存在的幻象中解放出来,最后达到终极的涅槃。

因此,在梁氏的文化理论中,共相与殊相间的矛盾并不存在:中国文化并非由于任何精神——物质之类的二分性,乃由于它在历史预设的继替中比较"先进",不但超越于西方,同时,它也有普遍的价值,对全人类有效用。但是,它也是中国所特有,中国人所创造,至少是属于中国的。当然,印度的文化,第三阶段的文化或第三条路径,比中国的文化为先进,但是印度路径的真正达成条件在人类进化未来的极远处才存在,而中国则是在人类达成现代化后的次一个逻辑阶段。如果我们将梁氏的文化公式用比较普通的用词表之,我们可以说人类从简单现代化阶段进化到人性化的阶段,然后最终进入可真正被称为精神化的一个阶段。中间的一个阶段(由中国为代表),在完全物质主义与完全精神主义的中间,是为"中庸之道";是故不走极端的任何一方,反而是两方因子都已纳入的一种综合。尤有进者,梁氏的理论比起大部分反现代化的文化公式,在经验的层次上更站得住脚。事实上一个民族的生活方式及各式文化的产品，其形成整合的一个整体，系他们隐含的对世界与生命终极态度的产品。为证明这个说法，梁氏指出中国过去试图产生西方式富强（现代化）而失败，尽管中国向西方引借了其文化的所有领域。19世纪以来，中国首先企图融入最肤浅的西方文化产品——技术与工业，在这种早期的失败后，中国进了一步（由康有为、梁启超等所提倡的），翻版西方的法律、制度与教育。1911年，中国更进一步建立了共和政府与其他西式机构（如政治党派等），然而，所有这些都失败了，这是由于中国人内在的基本态度未变。

职是之故，梁漱溟可直指梁启超的《欧游心影录》不过是欧洲近来认为中国文化与哲学一些方面有点价值这种让步所成的一种欣慰；它当然没有什么意义，因为文化，就其本质而言，是不能拿来混合或接合的东西。"其实，任公所说，没有一句话是对的！"[1]

> 他们只去看文化的面目而不留意其活形势——根

---

[1] 梁漱溟：《东西文化及其哲学》，14页。

本精神，不晓得一派文化之所以为一派文化者固在此而不在彼；由有此谬误，就想着未来文化的成分终于这两方文化各有所取，所以说是二者融合产生的了。其实这一派根本精神和那一派根本精神何从融合起呢？[1]

是故，梁氏驳斥如蔡元培、梁启超、张君劢及其他人提议选取"东西文化的精华"以创建一个新文化综合体的种种公式：不同时引进或采用创造一定文化的隐含的意识的话，任何文化采借都是不可能的。

具有讽刺意味的是，这个文化理论却逻辑地将梁漱溟和激烈的反传统人物之如陈独秀者放在同一个地位上，事实上，新文化运动隐含的意图即在于不但引进西方的文化产品，同时也引进西方的意识形态。梁氏承认全盘西化论的陈独秀比许多像梁启超一样的传统主义者要有逻辑和正确得多：

> 我们也不能不叹服陈先生头脑的明利！因为大家

---

[1] 梁漱溟：《东西文化及其哲学》，198页。

对于两种文化的不同都容易麻糊，而陈先生很能认清其不同，并且见到西方化是整个东西，不能枝枝节节零碎来看。这时候因为有此种觉悟，大家提倡此时最应做的莫过于思想之改革——文化运动。[1]

梁氏同时全心全意地赞同陈独秀及其集团主张的西方文化之精髓以科学与民主为代表："西方化是由意欲向前要求的精神产品'塞恩斯'与'德谟克拉西'两大异采的文化。"[2]

循着人类演化的"第一条路径"，西方文化面对着人类的普遍关怀——与其生存相关联者：

> 人类头一步问题是求生存，所有衣食住种种物质的需要都是要从自然界取得的，所以这时态度应当是向前要求的，就着前面下手的，对外改造环境的，以力征服障碍的，若不向前想法子而就着自己这面想法那就不成功；譬如饥渴而不向前觅食，却自己忍饥，那么就不得生存了。近世以来，西洋的人生都是力持

---

[1] 梁漱溟：《东西文化及其哲学》，6页。
[2] 同上书，24页。

这态度，从这态度就有他那经济竞争——人与人之间的生存竞争。从这经济竞争结果将得个经济不竞争而安排妥协——人与人没有生存竞争，从这经济不竞争将不复持这态度——这种人生态度将随生存问题以俱逝。当西洋人力持这态度以来，总是改造外面的环境以求满足，求诸外而不求诸内，求诸人而不求诸己，对着自然界就改造自然界，对着社会就改造社会，于是征服了自然，战胜了威权，器物也日新，制度也日新，改造又改造，日新又日新。[1]

这种西方朝向食欲与其他欲望之满足的意志方向产生了两种态度，其结晶则为科学与民主。对外在世界理智计算的态度引致了科学的发展；个人私利之为最终至善的标准，以及获取个人权利的欲望，这个态度引发了民主。这些个倾向的根源来自希腊。诡辩家们的怀疑主义将"对个人有利益"树立为评价任何行动的唯一标准；苏格拉底将知识与道德加以对等，是故将理智置于首要的地位。西方文化全然发自于个人自私与理智的运用。大部分自希腊以

---

[1] 梁漱溟：《东西文化及其哲学》，166—167页。

降的哲学专注于对自然世界的理智计算之上（知识论、宇宙论等）。西方现代文化的各个侧面——其理智化的竞争性经济与政治体系，宗教的衰退，对法律、个人及权利的强调等都是这些基本原则的自然发展。是故，现代西方对个人私利、个人享有自然世界各个部分的欲望等的态度，引出了一些问题或矛盾，好比说，西方人理智计较的习惯所造成的直接结果："人有了'我'，就要为'我'向前要求，要求都是由为'我'而来，一面又认识了眼前的自然界，所谓向前要求就是向着自然界要求种种东西以奉享，这时候他心理方面又是理智的活动，在直觉中'我'与其所处的宇宙自然是浑然不分的，而在这时节被他打成两截，再也合不拢来。"[1]

因此，西方人之视自然界，只在乎满足种种欲望，是利用与征服的对象，也就是所谓征服自然。这种态度指导了西方人对世界的整个看法，包括他们对其他人类的态度。是故，当这种态度在增加知识、财富，利用自然的方式，使生活舒适方面卓有成效之时，也将西方人与其人类同侪及自然界分离开来了。所以，现代化的代价是"精神上受

---

[1] 梁漱溟：《东西文化及其哲学》，63页。

了伤,生活上吃了苦"。西方这种计较个人利害的超强倾向遂使:

> 其精神上怎样使人与自然之间、人与人之间生了罅隙而这样走下去,罅隙愈来愈大,很深刻地划离开来。就弄得自然对人像是很冷,而人对自然更是无情。……并且从他们那理智分析的头脑,把宇宙所有纳入他那范畴悉化为物质,看着自然只是一堆很破碎的死物,人自己也归到自然内,只是一些碎物合成的,无复囫囵浑融的宇宙和神秘的精神。其人对人分别界限之清,计较之重,一个个的分裂对抗竞争,虽家人父子也少相依相亲之意,像是觉得只有自己,自己以外都是外人或敌人。人处在这种冷漠寡欢干枯乏味的宇宙中,将情趣斩伐得净尽,真是难过得要死,而从他那向前的路一味向外追求,完全抛弃了自己、丧失了精神。外面生活富丽,内里生活却贫乏至于零。[1]

这种罅隙之彻底甚至延伸到家庭内的关系:"开口就

---

[1] 梁漱溟:《东西文化及其哲学》,177—178页。

是权利义务，法律关系，谁同谁都是要算账，甚至于父子夫妇之间也都如此。"[1]

我们到现在想必已相当清楚，梁漱溟的文化理论及其对西方文化的分析是一种对现代化的批判；其批评的内容是我们考察过的西方的批评中的典型，与他们并无不同。梁氏理论中真正的不同，是他将中国文化加以对立而界定之。他的理论强调，现代化的果实是某一种类型的人类态度的结果，据其根本本质必为人生造成某种损伤或负面效应。例如，功利计较"使人完全成了机械，而窒息而死"。然而，偏偏是这种计较才造成了现代化，因此现代化之获得必须付出代价。我下文将说明，在梁漱溟为"中国之现状下应当做什么"发表意见时，他自己对他理论中的这个真理却是加以忽略的。

我们现在可以考察梁漱溟现代化批评的哪些部分与西方的现代化批评一致：他用"理智"一词的方式和腔调与英国浪漫诗人们一致，有如雪莱的"计较能力"，在梁氏的理论里，理智可以分解人因而摧毁生命；个人主义斤斤计较的冰水淹熄所有宗教与伦理的热情，也淹毙了生命本身。

---

[1] 梁漱溟：《东西文化及其哲学》，152页。

梁氏谈到机器与现代工业的种种方式也令人想起了罗斯金及甘地等人。

和所有亚洲的现代化评论者完全一样,梁漱溟将他本身所属的文化与"强大的外人"——西方——对立起来,并借以为自己的文化做界定。在这样的过程中,他花费了长篇大论来显示近来西方思潮之最先进者不过是重新发现中国老早就已掌握的真理。在现代中国思想中这种想法是很普遍的现象,亚洲其他地区亦然。譬如梁漱溟本人就叙述古老的中国宇宙论——如《易经》中所体现的,即已发现不存在绝对、终极、单一独存的实体;这个科学真理直到最近才为爱因斯坦所发现。同样地,太虚大师及其他唯识论者也肯定唯识与相对论是一致的。[1] 梁本人也曾建议柏格森之发现这个关于终极实在的真理。他界定中国文化的潜在态度乃建基于《易经》及孔子的思想——梁认为孔子的思想也建立在《易经》的基础之上,那是一种和谐、谦让与妥协的态度。是故,中国人不将其自身与自然相对,而是与之相和谐并乐在其中。不刺激欲望(如西方人所为),也不如印度人的压抑它们,而是取其中道达到满足。将中

---

[1] Wing-tsit Chan, *Religious Trenbs in Modern China* (New York, 1954), pp.124-125.

国文化与此形而上的基础联系的是孔夫子,他陈明了建基其上的一种生命哲学,也发展了将之设置于社会的种种方式。

儒家乃基于直觉,其与理智恰恰相反:

> 大约理智是给人作一个计算的工具,而计算实始于为我,所以理智虽然是无私的,静观的,并非坏的,却每随占有冲动而来。因为妨碍情感和连带自私之两点。[1]

仁与不仁的差别,恰在于一个人的直觉抑或理智的优劣之势。一旦理智开始作用,它必随之带来自私计较的可能,遂摧毁了仁。

因为孔子将其哲学建立在机缘上面,他避免任何形式的确定。这点与西方的态度形成尖锐对比:既然现实是不断的流转,从中无由导出不变的法则,是故,孔子并不企图寻求客观不变的原则。因为,如果那么做就远离了"中庸"的中心原理。任何原则或法规,直推到其逻辑的终端,

---

[1] 梁漱溟:《东西文化及其哲学》,128页。

## 十四 中国的批评

必将违背此一中道。

就梁漱溟而言，孔子只用两个工具来设置这种生活方式：礼与乐，他以理智设计这些装置以达到智与情的融合，或调整及修饰人类的原始本能。孔子礼乐的效应即在为人类生活创造一种情绪与精神的稳定性。梁漱溟说，孔子的儒家担负伟大宗教的功能而不含宗教的缺点（如迷信或出世主义），儒家用的是审美以达此目的。是故，梁漱溟和辜鸿铭关于儒家的看法完全一样，他和辜氏一样认定儒家不受理智主义基础上的攻击的威胁。儒家不希求来世，神祇，却仍能提供社会秩序，它立基于不靠任何今世或来生之奖惩的伦理。

和儒家生命哲学一百八十度相反的是"功利主义"。依梁氏看来，"功利主义"代表了西方所有的生命哲学。西方等于机械实证主义、理智主义、自私与道德的虚无主义。他觉得所有这一切是实用主义先天的性质，乃所有西方思想逻辑的最高潮点，作为其相反的儒家等于是情绪、直觉、不计较、伦理、道德价值与利他主义。

当然，梁漱溟的文化理论最明显的矛盾是目前人类发展阶段中国与印度文化的实际存在，倘若这两种文化理应在第一个文化出现并得遂行之后，在第一条路径（现代化）完成之后，才会出现，那么，这两种理应随后出现的意志运动怎能早已存在了呢?梁以回顾中印文化的早期圣哲以为答复:"其实文化这样东西,点点俱是天才的创作,偶然的奇想。"[1]中印两种文化的圣哲不像其西方的同侪只注意到面对人类的眼前问题,他们令人难解地在问题真正出现之前即预示了第二及第三条路径的种种问题,而他们对这些当时尚未出现诸问题的关怀却将他们的文化在第一条路径(现代化)全部完成之前,就设定到第二、第三条路径的方向上去了。

那么,当然紧接着的一个问题是:为何中国文化又不恰恰依循儒家的原则而发展呢?为何不是全中国的人都求仁得仁呢?为什么中国的风习、行止和一般生活不全部都依据儒家的生命哲学呢?梁漱溟说,理由在于孔子自己:他在第一条路径完成之前将中国文化设向了第二条路径。是故,孔子之伟大是一个似是而非或似非而是的东西了。孔子及其他圣哲超越了他们的物质环境,到达了比中国文化演化层次所赋予更高一层的人性理解。中国文化之生乃一早熟的产品:中国是时的环境,其发展基础(经济或理智的发展)不足以使中国文化充分地发展自身;其历史结

---

[1] 梁漱溟:《东西文化及其哲学》,44页。

果是为满足其隐含精神的不成熟尝试,这种尝试既未全部成功亦未全部失败,而是在含混的弃置状态中停滞不前:

> 明明还处在第一问题未了之下,第一路,不能不走,哪里能容你顺当去走第二路,所以就只能委委曲曲表此一种暧昧不明的文化。[1]

孔子和谐的根本理想变成了一种马虎和潦草,只产生了其真精神的萌芽。譬如就儒家的直观及其不认定而言,其性质原不容有固定客观的行为规范;然传统儒家的道德,就其在历史上的呈现而言,基本上与此真精神是敌对的:"大家要晓得天理,不是认定一个客观道理,如臣当忠、子当孝之类。"[2] 历史的儒家与中国文化,建立在糟粕与"死硬教条"之上,为其本身带来了阴影。换言之,儒家是一种后现代化的文化,却不可解地在古代出现,其结果使得中国文化——它只适合于后现代化的社会——从未能完成它自己。

然而西方,现在已经现代化,也经验了现代化不可避

---

[1] 梁漱溟:《东西文化及其哲学》,200页。
[2] 同上书,127页。

免带来的种种问题,是接近向第二路移进的时候了。"简而言之,世界未来的文化就是中国文化的复兴":

> 盖第一路走到今日,病痛百出,今世人都想抛弃它,而走这第二路,而走第一路的神情,尤其是第一路走完,第二问题移进,不合时宜的中国态度遂达其真必要之会。[1]

现代化为西方提供了所有的物质需要,但它"转入精神不安宁时代……转入享受时代——不难于取得而难于享受……为个人自己对自己问题的时代……转入人对人的问题之时代"。

梁漱溟复又宣称这种转换到后现代化世纪的开始在西方思想界的氛围中已甚明显:

> 我这话就是指着西洋近些年来为其领路的思想界,是怎样不知不觉变了方向,并且怎样很明白的要求改变人生态度而说,拿西洋现在这些家数的哲学对他从

---

[1] 梁漱溟:《东西文化及其哲学》,199—200页。

古以来的哲学而看其派头、风气、方向简直全都翻转过来：从前总是讲绝对，现在变了讲相对；从前主知，现在主情意；从前要用理智，现在则尚直觉；从前是静的，现在是动的；从前只是知识的，现在是行为的；从前是向外看的，现在回转其视线于自己、于生命。虽有如是种种，大约其根本关键只就在他向外的视线回转过来，然其向外视线何由而回转呢？大约是：唯其向外为静的观察，才有唯理科学，唯其有这唯理科学才有经验科学，唯其有了这两种科学才有科学方法，唯其有了科学方法才产生进化论，才有由进化论来的一些科学哲学。于是一双向外的视线从看天文地理一切物质而看到动植一切生物，由看到生物而看生命，绕了一个周围，不知不觉回转到里面来。[1]

梁氏名单中特殊的例子包括实证主义之敌如柏格森、尼采、倭铿，及当时重要的其他知识分子：罗素、杜威、华莱士（Alfred Wallace，1823—1913）、赫胥黎及泰戈尔。梁氏也指明了我们称为"传统"反现代化批评的一些思想

---

[1] 梁漱溟:《东西文化及其哲学》，176 页。

家：他们对19世纪末的物质主义与科学主义发生反应；有些学者称之为"对实证主义的反抗"。[1]然而，他有如大多数亚洲的文化理论家一样，没有注意到这一谱系的思想不过是启蒙以还西方意识持续紧张的最新表现。事实上，自梁观之（其他许多反现代化者亦然），现代化及与其符合并关连的种种思想产物如机械主义、实证主义、自然主义等，乃西方文化精髓的表现。是故，梁漱溟、梁启超和其他人把欧洲战后的悲观，柏格森和倭铿等人之对启蒙原则的质疑，一概当作新近、完全空前的现象。由于他视中国文化为西方的反面命题（或说现代化的反面命题），他自然地将所有反现代化思想都解释为与中国的文化态度相关。

梁氏在其生平的极早阶段即已改宗社会主义，如我们所注意到的，某种形式的社会主义几乎永远是反现代化思想家们思想中的构成部分。这相当自然，因为不管左派或右派的批评在经济思想的领域常有重叠的地方，自由市场的自由主义是他们的共同敌人。在中国关于社会主义还有

---

[1] 这个词是 H. Stuart Hughes，在他 *Consciousness and Society*（New York，1961）一书中加诸1890—1910年间活跃于欧洲大陆的一辈知识分子身上的。

## 十四 中国的批评

一个有趣的现象：20世纪中所有重要的思想家与政治领袖——包括共产党、国民党及其他小党，孙逸仙以及较次要的人物如阎锡山、冯玉祥、胡汉民等，无一例外地提倡某种形式的社会主义。事实上，不管其意识形态的倾向如何，中国的人物几乎无人提倡任其自为的资本主义。显然，孔子所言"不患寡而患不均"所代表传统中国思想有其深远的影响。事实上，在中国思想成形的时代，尽管各家思想——儒、法、管子等都维护阶层社会这个主张[1]，他们同时也明白倘其先天的不平未得实质的缓和，阶层社会是不可能常存不堕的，是故，各家都在个人德性的原则上辐合。不管他们其他差异极大之处，儒家、墨家亦都同意个人德业（不论其社会背景）乃社会与政治地位的准绳，而大众经济福利的原则乃为中心要义。既然如此，所有对后代社会政治发展维持长远影响的古典时代义理皆主张：百姓间的平等，大众的经济福利，治者个人德业之准绳（非其财富或社会背景等）都是重要的。或许正是这个原因，20世

---

[1] 唯一的例外，当然是道家；他们彻底反对社会上或形而上学上的层阶原则：所有的实体——人、兽等——在他们思想上都是平等的，是故，他们思想上、哲学上没有社会分工与身份的问题存在，请参看 Ho Pingti, *The Ladder of Success in Jmperial China*（New York, 1964）, pp.1-10。

纪知识界全都或多或少地提倡社会主义，无人倡行资本主义。

20世纪中国极端广布的一种想法是：既然中国还未发展现代工业与资本主义，就应避免资本主义及其种种问题与陷阱，直接进向社会主义阶段。梁漱溟将"一战"后欧洲社会主义及明显地反现代化型的社会主义（基尔特社会主义）的高涨，解释为西方即将采行中国路径的进一步证据；关于基尔特社会主义，他写道：

> 他们那派所抱人生观更可代表现在的西洋人是如何摒斥一味向前逐求的人生，而所向慕则在雍容安娴的中国态度。他说他们西洋人尽是事事求快，"这种什么都是要快的欲求，就表示现在的人称量一切事物是只问多少不管好坏，比如他们能有两个，他总觉比有一个强；他所最不幸的是限于一张嘴，一个胃口，一天只24点钟罢了！"又说："正当的人生是安息的，不是跑的；是恬静的，不是忙乱的；他享受所临到他们前的，而不去寻逐所没在这里的。模范的人没有野心；他不渴想去图一大的幸运，或战胜或管着旁人。他可以是不黠灵的，或不强干的，或更确当是只在好的气味与好的态度。谁敢否认这不是中国态度将代西

洋态度而兴?"[1]

当梁漱溟说中国文化将是未来的世界文化时,他意谓的究竟是什么呢?那包括用筷子进食与祖先崇拜吗?当然不是。他似乎认定儒家的隐含态度为中国文化的精义;尤有进者,因他攻击眼前的中国文化与历史上的儒家并非真正儒家的表现,因其早熟的出现,中国历史上存在的生活方式也不是真正的中国文化。因此,和辜鸿铭恰恰相反,他实实在在是将中国历史文化的一切一笔勾销,认为不值得保存。他一向对中国文学与学术传承不感兴趣,全不关心。他攻击国粹派注重传统文学与文字的研究为"只堆积一些陈旧古董而已",称之为"那些死板板烂货"。[2]复次,他与其他的中国反现代思想家如梁启超、章太炎等人不同,梁漱溟对佛教也无条件地反对。"我反对佛教的提倡,并反对佛教的改造",又说:

> 此刻社会上皈依佛教的人,其皈依的动机很少是无可批评的,其大多数全都是私劣念头,借着人心理

---

[1] 梁漱溟:《东西文化及其哲学》,184—185页。
[2] 同上书,206页。

之弱点而收罗信徒简直成为彰明的事,最普通的是乘着世界不好的机会,引逗人出世思想……我敢告诉大家,假使佛化大兴,中国之乱便无已。[1]

他事实上否定了所有的中国文化,除了他自己版本的儒家思想。那么,西方即将采用的是什么呢?原始儒家的人生态度。此外,还有别的吗?梁漱溟的回答是肯定的:儒家的礼乐。那将取代目前西方社会建立在"利用大家的计较心"上的法律与宗教。由于宗教为理智主义所毁,法律又造成诸多不幸,西方社会在将来必须"靠着尚情无我的心理",只有儒家的礼乐有宗教之效,无宗教之弊。再者,他们亦胜于纯然的审美,因其后有体系化之生命哲学;是故,与辜鸿铭所见略同:儒家维持社会秩序与修养,无须依赖法律、惩戒或宗教。梁氏遂结论道:

我虽不敢说以后就整盘的把孔子的礼乐搬出来用,却大体旨趣就那个样子,你想避开也不成的。[2]

---

[1] 梁漱溟:《东西文化及其哲学》,202,209,212页。
[2] 同上书,196页。

## 十四 中国的批评

由是以观,梁氏原创的理论避免了反现代化思想中最普遍的矛盾;然其理论也为中国设立了一个无法解决的两难法:在他整本书中,他强调文化乃隐含种种态度的整体性创造,是不可以加以混合的,他同时描述"真"儒家态度——真正的中国文化——乃现代化之相反,二者全然无法共存。他承认目前中国迫切的问题如贫困、积弱、军阀与帝国主义之压迫等皆"莫非的明明自己文化所贻害"。他曾比较详细地铺陈了何以源出于中国的文明造成其今日之问题,如:

> 我们不待抵抗得天行,就不去走征服自然的路,所以至今还每要见厄于自然。我们不待有我就去讲无我,不待个性伸展就去讲屈己让人,所以至今也未曾得从种种威权底下解放出来。我们不待理智条达就去崇尚那非论理的精神,就专好用直觉,所以至今思想也不得清明,学术也都无眉目。并且从这种态度就根本停顿了进步,自其文化开发之初到他数千年之后,也没有什么两样。[1]

---

[1] 梁漱溟:《东西文化及其哲学》,203页。

他更进一步否定且强烈地攻击那些暗示中国文化精义可与现代化并存的论者:

> 还有一般无识的人硬要抵赖不认,说不是自己文化不好,只被后人弄糟了,而叹惜致恨于古圣人的道理未得畅行其道。其实一民族之有今日结果的情景,全由他自己以往文化使然。[1]

实际上,梁氏说的是中国必须现代化以求存。他承认中西精神的互相排斥性;然面对西方文化已经掌握的"第一条路"之迫切问题,中国应"全盘承受西方化",以及其结晶物——科学与民主的精神,"其实这两种精神完全是对的,只能为无批评、无条件的承认"。[2]

他为中国真是设定了一个无法解决的两难:他认识到国家主义与文化主义间——或说保国与保教间——的敌对,通过其原创的文化理论,他显示了中国的"真"文化是如何的"先进于"也"高超过"西方的现存文化;然而同时,他认可中国绝对要现代化。这个两难是绝对解决不了的:

---

[1] 梁漱溟:《东西文化及其哲学》,204页。
[2] 同上书,206页。

中国不能维持其文化,因为它正恰恰造成威胁着并摧毁这个国家的种种问题。然倘若中国放弃其文化而代之以西方文化,那么偏偏在当西方正要转而接受中国文化时,中国受难于西方文化先天的非人性化与精神的灾厄中。最终,他也不能解决这个两难,他结束全书的最后断言也正背弃了他自己的文化原则:

> 第一,要排斥印度的态度,丝毫不能容留;
> 第二,对于西方文化是全盘承受,而根本改过,就是对其态度要改一改;
> 第三,批评地把中国原来态度重新拿出来。[1]

尽管这个药方同时容许中国的生存与维持其原具的文化态度,它与梁氏之认为文化乃由一种隐含态度与意志导向所创的整个实体的文化概念绝然冲突。倘若梁氏果真严格依循其文化理论的逻辑做总结,他必不得不倡议"全般拒斥中国的原具态度";因为他经由种种不同的方式暗示:中国的原具态度与现代化无法共存,反而是绝然相反。但

---

[1] 梁漱溟:《东西文化及其哲学》,202 页。

要是如此，他就等于是承认了西方将在中国之前实现中国的文化了！

梁漱溟一生维持了这种矛盾的态度：他将这重要的文化理论重新措辞多次加工，他将直觉与仁的观念以"理性"——他称之为中国文化之精义——代之；他在其文化理论上创造了乡村重建计划，再次矛盾地希望中国可以现代化，同时保持住中国的特质与态度；而那些特质与态度——根据他本人的文化理论——恰恰在起首就造成了中国现代化的失败。因此，在他全盘的思想中，他主张中国可保有先圣先贤的传承——仁、理性或人之所以为人之理，同时仍能有效地现代化。但他自己说中国文化为"真正人性的"或理性的这些品质阻碍了中国人及其国家今日的需要——现代化。

所以，在最后的分析上，梁氏1922年的书中，最终倡行他开始要反对的东西：融合中西文化的公式。

梁氏乐观主义地希望：鱼与熊掌，可以兼得——也就是，得到现代化的物质利益而避其缺失与陷阱。有如我前述的，在亚洲与西方的反现代化思潮中这是很普遍的。可惜的是，迄今没有一国能真到达此乐境。即使在富油的阿拉伯——他们无须达成经济发展，以其售油之利购之即可——通过现代技术及外国商品的流入，他们的传统社会与文化也逐渐转型。然而，时至今日，梁漱溟仍深信他对中、印、西方原有分析的正确，仍然期待西方接受中国的道路。就一定程度而言，他也许能在20世纪60—70年代西欧与美国所流行的更新的反现代化思潮与种种运动中得到满足；然而，农村公社、印度教和其他西方青年人中反现代化态度的种种体现，却永远无法设置成为永远与持续的变迁。总体而言，从长远来看，反现代化抗议运动或同类的思想潮流对任何国家能产生的影响非常渺小。

## （四）张君劢

早在1923年，张君劢（1887—1969）《科学与人生观》的演讲引发了著名的"科学与玄学"论战；过去史家们习惯于将他的这篇演讲和梁漱溟的《东西文化及其哲学》、梁启超的《欧游心影录》混为一谈，作为对"五四"激进反传统主义的一个反响。张氏的演讲充其量乃当时他游毕甫归时对欧洲当时思想界时潮的单纯反映，内容并不深刻。张氏称，自"五四"以还，青年的中国感到科学可解决个人及社会、物理与心理的所有问题——他的演讲对象是清华大学学生，他们大多是学科学的——但他却主张，道德、人类灵魂与美学等问题仅赖理智主义是解决不了的。这个说法激起了胡适、丁文江、吴稚晖等人物的大怒,而产生了这一论战。[1]

我将张氏包含在本书之内,因习惯上常将梁启超、梁漱溟与他相提并论,也因为他对现代化的批评与文化理论在20世纪亚洲思想家中是很有代表性的;他的文化理论常常自相矛盾,这点也是很有代表性的。

张氏早年的生涯与吾人认识的一般模式颇近:他在上海的一所中西学堂——广方言堂入学,接着在一些西式学校念书。他的第一个职位是英文教员,这时他割去了辫子,着上洋服。其后,他在日本,然后在欧洲研习多年。在1919年之前,他是科学与西学的斗士,相当标准的实证主义社会科学与社会达尔文主义的信徒。张氏的"觉醒",对儒家与中国文化的新兴趣之发生,并不像梁漱溟和甘地那般突然;看来始于1919年游欧之时,他受了欧洲反实证主义者倭铿与柏格森的影响,产生了思想上的转变。

尽管他常被归类到与梁漱溟一派,被视为儒家的倡行者及现代化的批评者——他们二人思想,就某一程度言,

---

[1] 见张君劢《我的学生时代》,《再生》,239期(1948),8页;《省制条议》(上海,1916),2页;《省制愈议》,2—4页,23—34页;《英军需大臣路德桥琦氏之军火与战争观》,《东方杂志》,13卷4号,18—23页。

确有一些共同点——然而，终其一生，他（不像梁氏）从来不是农民的代言人，也不是提倡乡村社会的战士；然而，他却是地方自治的早期提倡人，也在其游欧的经验上，成了集权与官僚制的批判者。[1]他的文化理论不像梁漱溟那般精深，是比较粗略的；却因而比梁氏的理论，就其他中国知识分子们的文化哲学言，更有其代表性。

张氏的演讲似乎是他受到欧洲单纯反现代化主义的思想家们——他们不是真正的东方主义者，即如倭铿亦然，尽管他晚年对亚洲哲学深感兴趣——影响的直接结果：他承认是他师事的欧洲学者们的影响刺激了他的发言。由于他深谙欧洲多种语言，欧洲战后思想新潮对他的影响比对二梁都要直接。

张氏直到1923年发表上述讲演，及随后与梁漱溟新书出版同时发表了其对现代化与科学的首次评论后，才成了著名的现代化的批评者。但早在1921年11月间他还在巴黎的时候，他即已就欧洲思想的危机发表演讲：他确认西方世界之危机，主要出自斯宾格勒的《西方的没落》，及是

---

[1] 作为例子，可参看张君劢《新德国社会民主政象记》（上海，1922），73—74页。又见《英德美三国市制及广州市制上之观察》，《改造》，4卷7号。

书在欧洲所获致之重视。张君劢甚至认为斯氏的书比爱因斯坦的相对论更为重要；他演讲的要旨为：中国必须停止模仿西方，因为西方人已经开始对他们的文明产生了严重的怀疑。[1]

1921年他一回到中国，立刻又就他所谓的欧洲文化危机发表演讲。他起初描绘柏格森与杜里舒的思想，及他们就启蒙的基本原则——理智与科学的至尊——所进行的批判：

> 昔之研究在物理者，今则在生命方面；昔之研究在自觉者，今则在非自觉；昔之研究在理性者，今则以为非理性所能尽；昔之研究在分析者，今则在把握实在全体。

他同时提到斯宾格勒的《西方的没落》，以及柏格森、倭铿的哲学，他说它们"正在代表今日社会心理，故为一般人所欢迎"。[2]在描述空前破坏的大战之恐怖效应时，他

---

[1] 张君劢：《学术方法之管见》，《改造》，4卷5号。
[2] 张君劢：《欧洲文化之危机及中国新文化》，《东方杂志》，19卷3号，118—122页。

强调许多欧洲人对科学、现代工业和商业终极价值所产生的怀疑。他自己所同情的似为基尔特社会主义;他事实上,要将现代工业革除,代之以中古世纪的作坊工业与行会——他讨论了两位当时在英国有名的基尔特社会主义者柯尔与潘梯(Penty)。

张君劢一回国就读了梁漱溟的《东西文化及其哲学》,因此,他在演讲中细加讨论。他的评论几乎全是负面的,似乎他在借机显露他在欧洲所获哲学知识的高超。他首先批评梁氏对儒家所作直观主义的解释,梁氏指出至尊的儒家德性"仁"及感性的直观,张氏则坚持仁与义的最佳阐释是孟子的良能与良知;张君劢宣称:称儒家哲学为直观主义和称庞德的"实用理性"(Practical reason)为直观主义同属大谬。概言之,张氏的批评方式是梁漱溟对哲学名词——特别是理智(intellect)与直觉(intuition)的用法不精确。他同时也批评梁氏在对儒家与现代欧洲思想间做比较时不够精确:

> 梁先生以为孔子说人生,倭铿亦说人生,字面既已相同,意义亦当相同,不知孔子的人生,是伦理的人生;倭铿的人生,是宗教的人生;孔子的人生,是就人生而言的人生;倭铿之人生,是宇宙的人生,二

者不可以相提并论。至柏格森书中之"生"有指生物学上之"生",有指心理学上之"生",更是不同。[1]

这些对梁氏的批评是具有讽刺意味的,因为张氏本人在两年前即已辩称倭铿与孔子的哲学是一样的,对他们两人加以认同的程度犹甚于梁漱溟。[2]在写了这些后一年,他复辩称柏格森与孔子的思想基本上相似。[3]

在同一篇演讲中张君劢概述了他本人的文化哲学——一种很通行的"集东西之精华"型的公式。他敦促中国人对自身及西方的文化采取一个批判性的立场,只挑最好的加入他们自己未来的文化中。他显然提倡向西方引借,主张梁漱溟基于文化的整合性而斥之为不现实的那种"融合":

> 据我看来中国旧文化腐败已极,应有外来的血清剂来注射他一番。故西方人生观中如个人独立之精神,如政治上之民主主义,加科学上的实验方法,应尽量

---

[1] 张君劢:《欧洲文化之危机及中国新文化》,《东方杂志》,19卷3号,118—122页。
[2] 张君劢:《通讯》,《改造》,3卷4号,102页。
[3] 张君劢:《再论人生观与科学》,《科学与人生观》(上海,1923),93—94页。

## 十四 中国的批评

输入,如不输入,则中国文化必无活力。

现时人对于吾国旧学说,如对孔教之类,好以批评的精神对待之,然对于西方文化鲜有以批评的眼光对待之者。吾以为尽量输入,与批评其得失,应同时并行。中国人生观好处应拿出来,坏处应排斥它,对于西方文化亦然。[1]

张君劢在文化问题上是不一致的:不光是他一边批评梁漱溟将孔子与某些西方思想等同,一边自己也做同样的比较;他一生更非常矛盾地将儒家(特别是宋学)与西方的哲学唯心主义(特别是日耳曼唯心主义)等同视之;同时,相反地,又将汉学及清代汉学的重兴(考据学)等同于欧洲物质主义与功利主义的哲学。在他思想中,宋学与汉学之不同,就如欧洲唯心主义学派与物质主义、理性主义及经验主义学派之有异。他认为培根、洛克、功利主义哲学家如边沁、休谟以及英美的实用主义与经验主义者形成了一个传统,这个传统等于王夫之、顾亭林、阮元、戴东原与章学诚等形成的传统。他用同样的方式对待欧洲的唯心主义学派——他指出康德、柏格森、倭铿及其他"最新唯心

---

[1] 张君劢:《欧洲文化》,121—122 页。

派"等和孔孟以及"孔孟下逮宋明理学家"这两批东、西思想家的思想类似;他说道:"此正东西人心之冥合。"[1]这种比较是与他"采东西之精华"的理论相一致的,也类似辜鸿铭的想法:他们两人都主张东西皆具普遍的人性文化,其内容相似,乃对现代化消极方面的反对。他们两人主要的不同则在于:辜氏在英求学,他将阿诺德、卡莱尔、纽曼及其他英美人士的思想与传统儒家等同;而张氏在德国进修,乃等同德国唯心派于儒家。

张氏非逻辑上一贯的思想家,他关于文化的大部分论断并非建基于其"采东西之精华"的理论上;相反地,是一种"精神文明相对物质文明"的公式。在他下面的论断中,精神—物质的陈调是再明显不过了:

> 自孔孟以至宋元明之理学家,侧重内心生活之修养,其结果为精神文明。三百年来之欧洲侧重以人力支配自然界,故其结果为物质文明。[2]

为什么中国文化是"精神的"呢?张氏用的就是反现

---

[1] 张君劢:《再论人生观》,88—94页。
[2] 张君劢:《科学与人生观》,9—10页。

代化思想中极常见的二分概念:中国并不研究或控制自然,是故衰弱;中国立基于农业,是故可免"计较锱铢之市侩",也没有个人主义;"如是,东西相形,若其中亦自有可以安心立命者,于是在人相率以精神文明之。"

尽管张氏极乐于承认事实上所有文化皆有物质与精神的两类因子——正如胡适与丁文江所指陈的——他依然坚持做这样的划分是合理的:"虽然,就其成分的多寡,则有畸轻畸重之分。"[1]直到晚年,张氏仍不时将中西文明的问题放在精神—物质二分法的框架里:1967年在他1936年旧著的新序中,他写道:"昔程伊川,分知为二:曰德性之知,曰闻见之知。方今四方所重者,为闻见之知。以现代名词表之,为自然界之知与人事社会之知。……至于德性之知,或曰正心诚意,此为儒家修身之重点所在。此传统如何保存,想将来必有一肩担道义者夹负此责。"[2]

1944年时,他的倾向是用内—外、理智—道德的对比为主要的二分法:

或曰理性与理智为缘,有理智之用矣,而害亦随

---

[1] 张君劢:《再论人生观》,78页。
[2] 张君劢:《明日之中国文化》(台北,1967),《新序》。

之，如科学为理智之产物，既有生人之医药，与便人之交通，然杀人之武器亦由之而来，故一日有理智，即人类相争一日不止矣。吾则以为欧洲近代文化，起于开明时代与理性主义，此时代所注重者为思为知识，以知识之可靠与否为中心问题，其名曰理性，实即理智而已。

则欧人之理智，未尝涵育于道德空气之中，显然矣。儒家之不必藏己，不必为己，老氏之为而不有，宰而不制，正东方之所长，而西方之所短。西方之论理与科学方法，上穷宇宙之大，下及电子之微，历史所未载，人事所未经，皆穷源竟委以说明之，岂我东方之恶智者（孟子所恶于智者为其凿也），所能望其项背哉。东方所谓道德，应置之于西方理智光镜下而检验之。西方所谓理智，应浴之于东方道德甘露之中而和润之。然则合东西之长，熔于一炉，乃今后新文化必由之涂辙，而此新文化之哲学原理，当不外吾所谓德智主义，或曰德性的理智主义。[1]

---

[1] 张君劢：《张东荪思想与社会序》，《东方杂志》，40卷17号，30—31页。

## 十四 中国的批评

那么,"科学与人生观"这个著名的宣示在张君劢的文化理论中的作用又是怎样的呢?——整个将人生观相对于科学的辩论在今日看来是相当奇怪的,张氏的讲学实际上不过是他刚自欧洲回来,对欧洲当时思想界做一报告而已。人生观与科学之辨的真义有如文化—文明——现代化相对于文化的主观内在因素——之分:

> 科学为客观的,人生观为主观的。科学之最大标准即在其客观的效力。甲如此说,乙如此说,推之丙丁戊己无不如此说。换言之,一种公例,推诸四海皆准。譬诸英国发明之物理学,同时适用于全世界。德国发明之相对论,同时适用于全世界。故世界只有一种数学,而无所谓中国之数学,英国之数学;世界也只有一种物理化学,而无所谓英法美中国日本之物理化学也。然科学之中亦分二项曰精神科学,曰物质科学。[1]

是故,正如非西方出现基于"体、用"之辨的无数别

---

[1] 张君劢:《科学与人生观》,4页。

的文化公式，张氏的理论亦暗示了中国能保存其"体"（宋儒）而同时获得现代化的富强。尽管表面上精神与物质的因素等值，在另一方面它们则不等。物质为用，精神乃要义；同样地，原先的"体、用"公式即暗示了"体"比"用"有价值得多。可是，张君劢又是不一致的：他宣称中国的"体"有如欧洲的唯心论，于是，乃系人类共通之实体。

张君劢以"折中"来为其文化哲学的标示，是为"全盘西化论者"与"复古派"两个极端的折中。他们两方面都错了，因为一国之"更新"不能全仗模仿他人，因此，他解释道：第三派——一个折中——出现了；他接着指出像土耳其、印度、日本等国家皆采新与旧、改革与国粹之间妥协之途。但是，他加意地说，当他们采用现代化的论点的同时，他们主要的目的乃在于保存其"本国立场"[1]。他的一生都忠于是言。在他的遗言中他说，每个国家都需要以其本身的文化为基础，在其上融合西方的思想与科学，倘若中国试图放弃其文化而彻底西化，将必失败，因为"皮之不存毛将焉附？"[2]

---

[1] 张君劢：《尼赫鲁传》（台北，1971），45页。
[2] 张嘉璈：《张公权先生记录君劢先生之遗言》，《民主社会》，5卷2号，8页。

张氏对现代西方文明——或现代化——的一般分析也与吾人建立的模式相符：西方文明将其全部智力投于工商业的发展，是故，"若人生为物质为金钱而存在，非物质金钱为人生而存在，其所以称为物质文明者在此"[1]。

他对现代工商业的态度也不出吾人对典型反现代化批评所作之描述。他从"左翼"向这个问题进攻，集中攻击其先天的不平等与不义，以及现代工业社会中个人之间不间断的竞争及斗争。他这方面的批评可谓老生常谈：中国文化被视作和西方工业社会及文化截然相反的文化；现代化、工商立国与富国强兵可视为一物，其不可避免之后果即为战争。

> 欧美百年来文化之方针，所谓个人主义，或曰自由主义；凡个人才力在自由竞争之下，尽量发挥，于是定于政策者，则为工商立国；凡可以发达富力者则奖励之，以国际贸易吸收他国脂膏，借国外投资为灭人家国之具。而国与国之间，计势力之均衡，则相率于军备扩张。以工商之富维持军备，更以军备之力推

---

[1] 张君劢：《再论人生观》，79页。

广工商。于是终日计较强弱等差,和战迟速,乃有亟思乘时逞志若德意志者,遂首先发难,而演成欧洲之大战。今胜败虽分,荣辱各异,然其为人类之惨剧则一而已。于是追念往事者,悟昔日之非,谓此乃工商立国之结果也,此乃武装平和之结果也,一言以蔽之,则富国强兵之结果也。夫人生天壤间,各有应得之智识,应为之劳作,应享之福利,而相互之间,无甚富,无赤贫,熙来攘往于一国之内与世界之上,此立国和平中正之政策也。乃不此之图,以富为目标,除富以外,则无第二义;以强为目标,除强以外,则无第二义。国家之声势赫赫,而于人类本身之价值如何,初不计焉。[1]

西方人对其财富是"自私"的,他们的民族国家对他们的财富也是自私的;其不可避免的结果就是帝国主义、世界大战与阶级战争。张君劢劝告中国在工业化的早期阶段应特别警惕,以避免西方所有的问题;这也说明张氏终身对社会主义的投入,是为了避免现代工业的种种问题。

---

[1] 张君劢:《再论人生观》,80—81页。

## 十四 中国的批评

虽然社会主义是大部分现代批判的普遍部分,就我所见,中国的知识界似乎特别倾向之。理论上,社会主义与国家主义的要求从未听说会冲突,也就是说国家之富强被说成须依仗于平等与社会主义。在张君劢的例子里,理论上,他愿牺牲国家主义的要求以迁就社会主义;然而实际上,他的政治生涯丝毫也不曾显示他愿意做这样的牺牲。理论上他是很斩钉截铁的:

> 吾以直截了当之语告国人:一国之生计组织,以公道为根本,此大原则也。若有问我苟背此原则,因而不能图工业之发达则奈何?吾应之曰,世界一切活动,以人类之幸福为前提,19世纪以来,以图富强之故,而牺牲人类,今思反之宁可牺牲富强,不愿以人类作工厂之奴隶牛马焉,此义也,吾国人之所当奉行,而19世纪以来急切之功利论,则敝屣之可矣。[1]

张君劢文化哲学中最基本的矛盾是:谈到"采东西文化之精华"而为综摄的中国文化;另一方面又谈到中国在

---

[1] 张君劢:《再论人生观》,83页。

道德上（精神）优越于西方（物质）。[1] 有时候他说传统中国文化（对他而言意谓的只是儒家伦理与宋学）需"注入"西方思想的血浆（显然是德国唯心派哲学）以图生存；另外，他又暗示一个文化的"内部"因子乃独一无二，是故不同之文化不能有同质的内部因子。当他以第二种方式谈文化时，他的理论与国粹派极近；尽管他本人极力否认。各种国粹派理论的基本特质是其相对主义：所有文化都是可以成立的，然只是对其成员而言——大部分日耳曼浪漫文化民族主义思想即属此类。就是这种天生的相对主义，使得中国的国粹派理论与原本传统的中国人对其文化的态度不同；那是绝对的，不是相对主义的。张氏无意识地自供是相当具有文化民族主义代表性的。

---

[1] 像许多20世纪中国知识分子，张君劢常暗示真正的力量最终决定于精神，而不是其军备或武力。1921年，张氏报告称德国知识界责难本国战事的失利乃过去50年来物质进步所致。张氏说到，在拿破仑时代，德国曾处于类似情况，在战事中为拿破仑击溃；然其唯心哲学（指费希特）与精神的团结，终于打败法国。德人常自夸乃费氏哲学真正击败了拿破仑。张氏宣称倭铿乃当今之费希特。是故，他暗示了中国处境与拿破仑时代德国的直接平行，提议牺牲帝国主义之道在于复兴唯心哲学。见张君劢《张君劢之讲学社书》，《改造》，3卷6号。日本占领东北之后，张氏立即译出了费希特的《告德意志国民书》，似乎仍旧暗示以精神团结的唯心哲学，中国可抗御日本的侵略。见《费希特对德意志国民演讲》（上海，1933）。

十四 中国的批评

然而，张君劢本人的行为和他公开理论之间的不一致性却不能视为一种代表性；对他而言，中国文化退缩到只意谓儒家伦理与宋学，他经常强烈赞同种种儒家形式纲常——如三纲五常、三从四德等——的解释。谈到五常时，他说儒家除了其伦理外，已经失去了它所有的"实际重要性"。[1]他很早即对西方式的核心家庭表同情，呼吁解散氏族，改大家庭为小家庭，也经常发言支持妇女平权。[2]然而，1922年他却顽固地不许他妹妹张幼仪在与徐志摩离婚后改嫁。当杜里舒夫人向他提起张幼仪可以改嫁时，他回答道："啊，那绝对不可以发生，女人只能出嫁一次——否则全中国的风俗都没有意义了。"[3]

与此类似地，张君劢支持白话文运动，他自己的写作却文言多过白话。[4]

尽管说张氏不一致之处甚多，我认为他确实捕捉了现

---

[1] Carson Chang and Rudolf Eucken, *Das Lebensproblem in China und in Europa* (Leipzig, 1922), p.112.

[2] 张君劢：《草拟之社会改造同志意见书》，《改造》，4卷3号，6页；
张君劢：《英国之将来》，《解放与改造》，1卷4号，15页；
张君劢：《科学与人生观》，11页。

[3] Hans and Margarete Driesch, *Fern-Ost als Gaste Jungckinas* (Leipzig, 1925), p.159.

[4] Carson Chang, *Third Force in China* (New York, 1952), pp. 47-48；又见胡秋原《悼张君劢先生》，《民主社会》，5卷2号，21页。

代化对人类的种种隐义:他见到布尔乔亚功利文化的先天无规范性,事实上使个人物质私利成为仅有之剩余的普遍原则,是故,我认为,他因此专注于宋学,强调个人自身道德的修养。

在科学对玄学的辩论中,张君劢提出了一个教育改革计划,将伦理学放入教程;或许他希望借着这个:

> 使学生——庶几少其物质欲望、算账心思,而发达其舍己为人,为全体努力之精神。[1]

此言确为张氏文化哲学及他对现代化批评、为儒家奋斗的真正关键。儒家自我教化能使个人主宰其欲望以成全群体。认为宋学的自修与现代化可以并存,那是有些过度乐观,却不是全然无理。基本的问题是,现代化的精义与任何内在的收敛都无法并存;事实上,科学、技术,与经济成长恰恰是物质欲望中"算账心思"的产物。

---

[1] 参见程文熙《君劢先生之言行》,《再生》,249—250号,16页;丁文江《梁任公先生年谱》(台北,1958)44—54页;张君劢《再论人生观》,84—85,94—95页。

## 十五 日本的批评

日本的反现代化批评在许多方面都可说是与印度相对的，位于光谱的另一极端。印度的批评中，国家主义的因子很弱，或如泰戈尔的例子中完全不存在。所有日本的评者都是高度的国家主义者，他们每一个，不论诉诸何种方式，最终的效忠皆归向天皇。中国的批评者中超级国家主义者很少，然而所有的人多多少少都是国家主义者。在印度，反现代化批评未发展为任何形式有影响力的"泛××"运动。实际上，日本每个反现代思想者的思想都同化于日本当局及"大东亚共荣圈"的扩张主义计划。尤有进者，这些日本思想家对他们的批评与他们政府这些帝国主义的设计之间的关系是清楚的；尽管这些论者并未因为太平洋战争而产生出天衣无缝的周全意识形态，他们对官僚国家的攻击却讽刺性地转化为官僚国家扩张主义的赞助与支持。作为一个集团，印度的反现代化思想家都是和平主义者，而甘地自己非暴力的义理尤有代表性。在日本，刚刚相反：日本论者之为一个集团同样对战争与暴力感到疑惑，他们中的许多人，以不同的形式，事实上，要求一个东亚战争，以作为亚洲重新建立对它自身文化命运之控制的首要先决条件。在中国，可见两者间的"中道"。最后，日本乃三者中最现代化之国，也是主要的帝国主义霸权；印度，当然位于另一极端：一个最不现代化的、明显的帝国主义霸权的殖民地。中国，有如其他的对比，多少居于中间。

日本之"对西方的反抗"有如中、印，只在"一战"后放出异彩；然而，由于日本（不像中、印）实际上在许多方面经历了进向现代社会的转型，日本的论者与西方的评者相似之处似乎大于与吾人所讨论之其他亚洲人的相似之处。复次，日本的批评，比起中、印批评要更精致、复杂和广泛。再次由于篇幅所限，只能讨论最著名的几个，就日本的评者为一整体而言，他们也是最具代表性的。

日本的历史背景与中国颇为不同，这些反现代化评者——有如在中国、印度的同类人物——将焦点集中于强大的"外人"，而日本本身则被描绘为西方的相反或颠倒。

研究"一战"后日本政治与文化批判的西方史家，将一群反现代化的评者称为"复辟主义反叛"。[1] 这个现象的

---

[1] 我愿在此处对撰写日本部分予我帮助的哈路图尼安（Harry Harootunian）教授与奈地田哲夫教授（1936—1992）表示最（转下页）

终极根源则为明治维新本身的暧昧本质。极为深邃的暧昧牵涉两个层次：第一，明治朝的维新者声称新国家的目的在于回归"古代与神明式天皇的国家基础"，也就是，回向神话时代和纯粹的日本方式；但是，新政府同时宣示它决心"消除旧风俗"和"在全世界搜寻新知识"。是故，第一个明示的目标令人相信日本的独特性与超越性，要人注意日本和世界其他地区的差异。然而后一个目标，结果导致现代化官僚民族国家与日本社会现代化的创立。是故，明治奠基者的呼吁，一方面认证了所有后来评者引向精致神髓、引向最根本的日本之种种倡议。另一方面，则认同于现代化与西方。恰恰是这种矛盾造成了1920年和1930年间复辟主义反现代化对现状的攻击。他们的冲突，我们可以说——用西方现代化评者通常出现的以分野"文化"与"文明"——乃日本独特精神与现代社会的冲突。

在另外一个层次上，明治维新也有类似的暧昧。事实上德川幕府的效忠武士将之推翻的模式和现代日本民族国家的创立，在这行动中，有两个相关却不同的进向：其一强调立即消除国家无能领袖与无用体制以解决内政问题之

---

（接上页）深的感激，他们的著作与指点是本部分的基础。

必要性；其二将注意力引到敌意的外国强权，通过直接的军事策略以寻求解决。第一个进向的复辟反叛之最终行动为青年军官在1936年2月26日的兵变——激进的陆军官佐的占领东京市中心。第二个导向的例证则是偷袭珍珠港。

## （一）冈仓觉三（天心）

在我们讨论印度反现代批评与泛亚洲主义——为泰戈尔所接受——的理念时，我们已多次提到冈仓觉三（1862—1914），他系早期提倡亚洲文化统一的人，在他1903年《东方的理念》(*The Ideals of the East*, 1903) 一书中，他首先提出了所有亚洲人共有的原则：所有亚洲人都爱宇宙之终极，由于这共同的脾性，所有伟大的宗教才都在亚洲产生，这种性情强调生命的目标，而非手段；西方则恰相反。冈仓接着辩称，在亚洲，日本占据了特殊的地位：一方面，日本的艺术成就包含了所有亚洲理念的历史，日本接受了东亚思潮相继替的浪潮——儒家、印度佛家等。尤有进者，单单日本消化了两种不同的理念：既有东方对宇宙之了解，又有西方对科学的倾向。冈仓这个日本第一位现代化批评者，并不怀疑日本可同时现代化（工业化及组织化）且保存亚洲"精神"的基本形式不变。日本现代化的结果将为中西文化的高一级综合而成未来的文化。他是许多日本人中的第一个，相信日本能成功地综合东方人文主义与西方理性主义而进向人类较高阶段的发展；冈仓对此很有信心，后来战后的评者则认为这任务须经奋斗。

## （二）北一辉

1936年的兵变所根据的即是北一辉（1884—1937）的理论，他本人在兵变失败后被处决了。他出身贫困，早年对社会主义感兴趣，无疑是个激烈的革命分子。"一战"刚结束，他就写了一本叫《日本国家改造方案》的小册子，尽管为当局所严禁，军中和社会上都广泛传阅。他的著作主要攻击为日本大众造成极端困境与不平等的资本主义与官僚剥削，认为明治体制创造了新的特权阶级，只有靠革命起义才能将之摧毁。为了达到革命的目的，他提倡用快速彻底的改变策略推翻普遍存在的官僚领导；通过重建权威的结构，他相信日本可去除西方政治体制与经济常例。他称此方案为"帝国革命"，因为他革命地重组国家与社会的计划中帝国原则乃一重要部分。

北一辉很佩服马克思，但认为在亚洲的现实下，阶级冲突的观点不恰当。日本的新社会秩序将在没有阶级战争的情况下达成,并从而引发一系列的连锁反应,将所有亚洲国家从西方政经的宰制下解放出来。因此,日本社会主义的最终目的在迫使西方的退出,在全亚洲重振的基础上创造一个新的文明。日本之特别适合做领导,由于她维持了最高的统治原则——帝国天皇——无视于西方政治与社会体制的入侵;他预见与西方决定性的军事对抗,经此对抗可获亚洲的和平与强大。

北一辉的思想与西方现代化批评的左翼有若干相同点,特别近于法国当代工团主义的暴力宣扬者索雷(Georges Sorel, 1847—1922)——我们未曾讨论他。但北一辉加上了泛亚主义及冈仓觉三所创的日本独特的主张。他解决现代化问题的办法是在"人民的天皇"之权威下建立日本"福利国家"(Welfare State)。他和其他反现代化者一样,乐观地希望在工业化、都市化的民族国家维持社区。当然,他从未解决的矛盾是:一方面是对摧毁社区、创造不平的官僚制度的刻骨仇恨;另一方面,社会主义福利国家却绝对会引致这个简单的事实:创造一个比现存官僚体制(他认为已经是太大太强了)更大更强的官僚系统。

最后,他没解决的是国家主义与文化主义间的紧张,正如其他人从未将之解决一样。毕竟,日本民族国家的产生,系在西方各民族国家威胁其独立的包围下所做的反应；是故，矛盾是不可避免的，日本——如其他先于她的欧洲诸民族——遂建构其自身的现代（官僚化的）民族国家以对抗其他西方民族国家的侵犯。北一辉代表了对现代国家无能达成其保持日本独立，不受"西方"（官僚）影响的承诺的一种抗议。北一辉及许多日本思想家的最终目的，在于达成明治"攘夷"及排除西方影响的承诺。这个矛盾与前此讨论的德国文化民族主义的自相冲突差别不大。

## （三）大川周明

大川周明（1886—1957）虽和北一辉一样牵涉军事性私人武装组织，他基本上是个学者，是战前国家主义运动中最显赫的平民，一个伊斯兰权威，有极高的学术地位；他的早年比我们讨论的所有日本人更符合我们的模式。他自述过他精神危机与混乱的年代，回向日本精神，与一种"改宗"的宗教经验相联系；用的是一种类似梁漱溟自述其精神危机的语言。

他告诉我们他如何重新发现日本精神，从而解决他自少年时代起心中长据如病的心理冲突。在他自传体的论文《日本精神研究》（1939）中，他比拟他回到"日本灵魂之故乡"的过程是一个漫长、危险的有如攀登高山一般的过程；他找到的是日本的道德传统——他相信是永远的强调道德与宗教间的密切关系。一如梁漱溟，在他发现的途中，大川周明观察到了芸芸众生中精神上的混乱与痛苦，乃由于社会上失却了目的与意义。他像梁漱溟、甘地等具有宗教性天赋的人一样，将他自身的精神扩充到全亚洲；他关心的不光是日本，乃是"觉醒"整个的亚洲大陆。

在《革命的欧洲与再兴的亚洲》（1922）一文中，他谈到欧洲宰制亚洲的结果，视其解除系于一个"亚洲的文艺复兴"。他的论著也表达了亚洲对世界文化贡献的一种感激，像冈仓觉三一样他也发现所有的伟大宗教皆源于亚洲，是故亚洲各民族不应在恐吓下接受低劣的地位；亚洲的独立运动要成功，他呼吁每个民族将其社会重建至理想的境界——结合现代化与儒佛的传统。

像其他中、印的思想家一样，他将儒家与西方的一些思想家联系在一起，他特别佩服爱默生，因为他之发展"直观主义"令他想到了德川幕府的"直观主义"。他视他景仰的西方思想家在功能上等于亚洲的宗教；在这种普遍的精神性中，他见出亚洲人群解除西方宰制之轭的途径，也有助于解除现代化影响下日本自己的精神纷扰。他和甘地一样，认为将西方文化的存在自亚洲排除，与现代生活中人类精神苦况的解决是同一回事。

大川周明观念中理想境界之自现代化诸般问题中脱出这点,使得他的结论不可避免地出现了对现存政治秩序之摧毁。他自己的"改造"运动包括将所有西方文化的因子排除出日本,这是将西方帝国主义驱逐出亚洲的先决条件:首先,日本需要使自己免于政党政治、资本主义、消费主义、劳工不安等问题,因为所有这些对人民的精神需要都发生反作用。

大川之类人物的呼吁精神重建与日本政府在亚洲大陆发动战争对抗西方的计划不谋而合,这种精神义理与军事侵略的合流常为日本之插足在亚洲各处及其领导黄种人进入新秩序的"使命"生产出自慰式的辩解。因此,最终的讽刺是:尽管他的方案的实际内涵之性质是反国家的,他的意识形态结果成了支持强化国家的一部分。大川的评论和我们习见的无甚不同,例如在他创立的"在世上执行天道会"的会纲上,我们找到以下的断言:

> 我们必须毫无疑问地拒斥强调工商业全盘模仿西方方式的资本主义经济政策;而在农业主义的原则上建立国家的经济政策。

会纲中同时强调"分权而非集权,地方自治而非中央控制，发展乡村而不为城市宰制"。[1]为达到国家富强目的，现代化的必要性与希望维护前现代文化间的紧张——我们所谓国家主义与文化主义间的紧张——自日耳曼浪漫派以降，在所有文化民族主义者中均可得见；但在日本的反现代主义者中则尤其露骨，因为他们远比其他的文化民族主义者更具国家主义色彩。尽管日本也有些人比较接近甘地，似乎多少愿意为保存传统文化而牺牲国力；然而他们却大多如北一辉和大川周明，强调天皇体制的中央性为任何社区的结合剂，并常在谈到这样形式的等同合致时提到一种天皇人民间相结盟的政体——"君民共"。

照例，这些思想家大部分都是喧哗的农业主义者，视工业化与城市为敌，他们把没有国家的亚洲农业社区这念头加以戏剧化，认为远离腐化的城市与工业资本主义，社区亲谊继续存在的可能——即便在晚近现代化势力的围攻下——仍为触手可及之东西；这些人认为西方理性主义的周身装备——官僚、科学、技术等——对一个接近自然的社会（原初的日本文化）是为异物；这群人（而非北一辉或甚至大川）才真正认识到现代化不可避免的结果即为摧

---

[1] 引文见 Masao Maruyama, *Thought and Behavior in Modern Japanese Politics,* edited by Ivan Morris (London, 1963), p. 38 所引。

毁社区及所有的礼俗社会。

## （四）权藤成卿

这类思想家中比较有趣的一个是到处旅行的历史学家及政治活动家权藤成卿（1868—1937）。1911年在上海时他参加中国的革命，20世纪20年代他是纯粹农业国家主义的首要发言人，鼓吹回到一种农民自主与以农业为中心的经济。权藤的思想在青年军官中影响很大，尽管他本人与激进派并无关连，他们却把他的著作推到真正的行动上。

权藤最关心的是现代化之摧毁社区纽带与农业。他将亚洲古代社会与西方相比，而总结道：亚洲系建基于农民的农业栽培之上，而西方则无例外地建立于牧民的动物驯养之上。

在他最主要的著作《自治民政理》中，有如我们讨论过的所有农业主义者，权藤辩称：从事农作的人们天然的置身于一系列公有的关系之中，个人是全体的一部分，规范农业社区生活的道德准则防止个人的自由成为绝对；由于这些准则乃诉之人们要求相互滋养与满足的天然人性要求，我们不能将它们与巨大、人工化、官僚体制的、笼罩性的国家结构混为一谈。公有社区理论中的"个人"，对他而言,乃人之真正为人的意义所在。

因此正是乡村,它无疑地代表了"自治"的自然基础,现代日本民族国家的官僚机构对人民既不亲近又施压迫,在农民耕种的土地上如果没有一个地方自治的系统,日本的精神将再也不存在。他认为形成此一危机之肇因,系现代国家的短视与麻木;一个政府其中心在一个最非个人化且对广大农民人口之需要漠不关心的都会——他所最痛恨的城市。

权藤劝诫其读者说,回到土地是维护其人性社会的唯一希望。重要的是,权藤也是个革命分子,他相信巨大官僚体制与工业复合体的罪恶操纵与摆布必须推翻。

## (五)橘孝三郎

和权藤近似的另一个农业主义者橘孝三郎(1893—?),原先在政府官僚机构中毫无疑问会飞黄腾达,但在他"觉醒"到乡下精神与物质上的不堪后,遂放弃一切,回到他日本农村的故乡。虽然他明言托尔斯泰与甘地是他老师,20世纪20年代后期他转采反对现存秩序的直接且暴烈的手段:鼓励同情他的青年军官推行恐怖主义活动,包括在5月15日事件中谋刺首相。由于他与事件的牵连,他被捕并被判终身监禁。橘孝最主要的敌人是城市，特别是东京——西方资本主义与文化的代表。他写道："人家说东京是世界的中心，对我而言，可惜的是它不过是伦敦的一个支店。"

他和权藤一样，保证日本文化危机解决必须通过人民与土地的重新认识；这将是必要之精神再生的源泉，将发展到国家本身的秩序重建。他和泰戈尔、甘地、梁漱溟等很像，这种秩序的重建意味着向百姓提供直接的助济来"救细民"；为了达到这个目的，首先必须将日本的资本主义与物质主义文明连根拔起。

橘孝的著作常常看似"左翼"的批判，他认为日本人以西方的概念看世界，是故只会想到"现钞关系"，没有东西可以逃出交换价值的铁则。乡村单纯而同质的生活被金钱与商品的势力蹂躏为碎片；特权阶级、工业大联合全都集中在大城市，因此有力地剥夺了日本社会生存的基本条件。

但是，尽管他本人显然多少受了西方社会主义思想的影响，橘孝深信西方的思考方式绝对不适于亚洲。他的这个结论建基于一种复杂的文化理论，主张亚洲和西方的社会基本上不同。和权藤一样，他相信农耕与乡村社区是亚洲文明的基础，而西方社会与历史的实质则为城市所构成。他也有如梁漱溟之对中国,将一种特殊的直觉性思考归属于日本,那不同于西方抽象、静止、限定性的逻辑。西方思考的历史源泉根植于古希腊的久远经验,其"理性"(Logos)的想法认可臆测,而科学使他们相信所有的事物皆由辩证的过程产生。将之与亚洲的思考方式相比,其巨大的差异立即变得鲜明。是故,在亚洲伟大的思想与宗教系统中——如佛教、印度教、儒家,甚至古代基督教(他和冈仓及其他人同样,认之为"亚洲的")彻底克服了人⟷我、主观⟷客观等分化。由于这缘故,人类互惠、非我之战胜私我遂成为亚洲文明构成的中心原则。这方面与梁漱溟的中西文化理论很像,当然同时也是精神—物质文明的公式的一个样式。人类征服自然这个冒犯性的想法是属于亚洲的。但是这种残暴的物质主义生活现在已经感染了东京及亚洲各国的首都,他注意到难以想象之多的装饰痕迹在大百货公司、银行、报纸和工厂随处可见;将这个新的都会风景线与亚洲的农村景象相对照,关于日本人民命运的结论是不可避免的。他夸张地问道:从一开头就界定日本社区生活的互相诚信之理想出发,日本又将变成什么呢?日本别无选择,只有放弃资本主义与大都会,回到亚洲根源的精神,回到民族整体文化免受分离切割的承诺。

尽管橘孝三郎的思想中回应了许多不同的亚洲及西方

反现代化批评者的意见,恐怕对他影响最大的还是原始道家思想。就权藤而言,情况也颇相当。

上面讨论的日本思想家多少都与以"复辟"为名的对现存秩序进行之军事反叛有些关连;但文化的思想与哲学问题,及日本文化其他更迫切的问题,也都引起了若干正牌哲学家的关注。最有影响力的理论是出自哲学家和辻哲郎,他用的几乎全是在西方传统之中的范畴。

## (六) 和辻哲郎

和辻哲郎(1889—1960)先对尼采思想发生兴趣,那为他就资本主义文明提供了有力的批判。从尼采和他自己,和辻主张精神之超越于物质文明,因此也高度评价精英分子的优越。他们不像一般大众其生活为物质事物的多寡所决定。就在这框架下,和辻在20世纪20年代反对公民投票、劳工运动与社会大众政党——他的那些批评与1880年德国的反社会主义运动的批评完全一样。和辻所用的尼采论旨也包括对理性主义、技术文化与功利主义的拒斥;所有这些都是为日本新兴工业资产阶级物质主义虚矫生活形态做伪装的象征。和尼采在古希腊中追求真切的创造活动一样,和辻在古日本寻求与之相似的创作精神之体现。

他呼吁一种"反对的精神",它可指引个人从目前的物质现实中解脱,这种解脱可以通过与本土文化的真正创造力相合致而得以实现。和辻特别有兴趣之处是:自中古以降,佛教艺术与建筑如何代表了日本创造精神的最纯粹表现。他之为日本富原创力的过去代言,与尼采保存古希腊伟大纪念碑的努力非常相像。他相信,在古代及中古时代的日本创造精神中,他找到了日本人民主要的创造形式。他将这个创造传统加以理想化。

在那古代文化中,公有社会消解了精神与肉体、自然与人、主宰与遵从之间的矛盾。诚如罗马的"物质主义"摧残了古希腊文明的精神,他深怕以英美自我中心个人主义为代表的西方文化,现在正在威胁并消除古时传下的精神遗产。他认为美国受物质主义之害特深,不断追求物质的东西,他们丧失了灵魂,弃绝哲学,忽视文艺,回到一种"禽兽"的生活,将世界封闭在物质文明的需索中。

和辻的思想,源于尼采,综合了"精神的共同体"的理想;对布尔乔亚功利文化,其理智主义,以及其不可避免创造的全般政治、社会、经济体系产生了有力的抗拒;在此架构下,他遂开展了他对日本伦理之历史根源的学术研究。和大川周明一样,他将这领域的真切性扩充到了整个亚洲,以诉诸佛家之为整合的精神力来作为其涵盖全亚洲的佐证。现代的斗争乃居于亚洲精神性与西方物质主义之间。他最重要的一个观念是佛家的"无"。就和辻而言，从现存物质条件脱离的"无"向纯粹生命的转进，就是这个佛家范畴与宇宙"自然"本身的合致。"无"与"自然"的圆融目的在于超越理智主义的立场，认为自然是一个为人类种种目标所操纵或宰制的"客体"。这个"无"的伦理所反对的，是理智将"自身"描绘为"外在于"自然，而不是在自然的怀抱之中。是故，和辻试图澄清亚洲观点的根源及其超越于西方人与自然相对立的原因：在一些方面，"无"在和辻文化哲学中的功能与梁漱溟的"仁"（后来的"理性"）相同；和梁氏一样，和辻相信世界上有两种基本却相异的思考方式：逻辑的与直观的。前者显然属于传统西方的思考方式，后者则属亚洲，如何解释这两个分途的认识之根源是很重要的。梁氏靠了早期圣哲们的"天才"这个观念；和辻——以相当"西方"的方式——则通过地理条件进行解释，结果为其名著《风土》（1935）。[1]

---

[1] 日语"风土"(Fūdo) 常译为气候；但其原意带有下列的意思：气候制约的自然地理环境赋予当地人以一种对于其自然条件特有的灵敏态向。与此相对的日本语"气候"(Kikō) 则单指"气象"。风土意指风土制约的态度，意谓一种生活方式。正如和辻哲郎是书副题所示，是书有意对风土的人类学作研究；尽管与人类发展的（转下页）

《风土》一书的中心问题是仔细考察气候及环境与历史文化相关的重要性。他将气候的主要特征归为两大类别：季风型与地中海型。[1]它们造成了欧亚的基本差异，其理论与通行的地理决定论的地理学讨论近似——讨论地理对文化、政治关系、种族差异的决定性。在和辻的分析中，地中海型的特征为温和、贫瘠，基本上属于牧业，总的来说要求较低集约度的农业劳作；谷类的生产容易，无须为防御严苛的气候辛劳地修建梯田；在这区域中，自然遂被视为无害且驯服，可予预测，乃成几何学，因此，可以"计算"它代表了"秩序"，为"理智"的化身。

在季风型的亚洲则不然，和辻指出亚洲大陆与印度洋特殊的季节性关系，夏季的月份季风自西南向陆，冬季则戏剧性地反其方向，这气候的结果，在夏季为长夏的高度湿热及骤雨，湿热的结合产生繁富低矮植物的国家和一种认识论：视世界为一万物繁生的处所。另一方面，猛烈的暴雨、暴风、水灾与旱灾，也叫居民们放弃他们对自然力的抗拒。在此，和辻认为他找到了亚洲特性的根源：在无

---

（接上页）地理学理论有关，他的探讨基本上是哲学性的。事实上，他所谓的"环境"不但包括气候，还包括了家庭、社会及社区。

[1] 事实上，和辻定义了三型气候，第三型为沙漠地区，以非洲与穆斯林文化及其好战精神诸特点为代表。

常的自然前退守。这点在亚洲宗教中也常反映出来。更基本的是，自然不受法则与秩序所束缚，反而是暴烈而反复，它产生的文化并不能用几何学之理脉将其生存的空间予以表示。地中海气候鼓励人们主宰自然（是为无害与被动的），亚洲人的生活则完全为自然所笼罩。西方精神引致激烈的个人主义，人不但和自然，更与其身边的社会相分离；而在亚洲，自然与社区涵盖了个人。西方人则不断的争战，以主宰自然，并要求与社会脱离的生命意义。

产生这个理论的中心则是日本在亚洲的特征。他辩称：虽然日本面对中国、印度等伟大大陆文明类似的条件，它也遭遇到自寒冷到温暖，突然却可预期的季节变化。简言之，日本位于季风气候的东极，是故具有一种"双元"的气候系统；这个观察遂将和辻引到了他的主要论点：由于日本特殊的气候条件，遂创造了一个基于空间"关系性"的特殊文化。他特别指出了"家"的组织结构，及其空间中蕴育的情操：在"家"中，其成员非但是个人的集合，而且是置身于哺育生命的角色中无私人类的合作组合；但是，其成员并不如亚洲大陆，并不在自然力的巨大和不测中全然退守，反而与自然孕育一种坚强而生动的关系；和辻尽管承认这种行动的公有概念已不如中古时代一般占优势，但他仍相信它使日本人的行动和方式有别于西方历史（特别是资本主义）中成形的个人主义。职是之故，日本资本主义虽然表面上看似西方资本主义，基本上它们是不同的。

他和梁漱溟一样，并不提倡一种对西方的公然叛离，但明显的是——有如其他日本反现代化同侪——他所说的一切可以很容易地被加工为提倡排除西方在亚洲出现的实用意识形态。偏偏这种事实际上发生了——正如发生于斯拉夫主义的哲学理论；西欧与斯拉夫欧洲的差异被加工为泛斯拉夫主义的实用义理。和辻哲郎的"家"——如梁漱溟的文化考察，斯拉夫主义者的文化理论——是对个人主义、物质主义与理智主义（或现代化）的宣判；宣判的内容则基于西方现代化评者所建基的同型二分概念。

## （七）西田几多郎

比和辻重要得多的学院哲学家就是西田几多郎（1870—1945）[1]，他个人形成了一个叫"京都学派"的学派。与和

---

[1] 西田几多郎是第一位日本哲学家，除了推广西方哲学外，还尝试创立自己的哲学系统。他的系统尽管用的是西方哲学的方法，其主题与基本进向则彻底是日本的；自其著作《働くむのカフ弓见るのへ》（东京，1927）起，他有系统地创立了他所谓的"场所的论理"，他试图用此逻辑建立一个东方文化可立基于其上的基础，有如（转下页）

辻一样，他哲学的中心是"无"；也和他一样，西田显然是一个语言和概念方面西方多于东方的哲学家。他的思想主要得自费希特，尤其是他"先验的自我"的观念。此外他还受了黑格尔、柏格森、胡塞尔(Husserl)的影响。他著作中所引用的参考和例子常是西方的历史与人物，但是，他还是可被视为一个日本思想家，这方面他最深的基础是禅宗佛学。

西田的文化哲学表现在两个作品中。《从形而上学观念所见的古代东方与西方文化》是他1933年《哲学的根本问题》一书中的一章。此文中，西田界定东方的世界观为现实的概念之"无"，与西方认为现实是"存在"的观念呈鲜明的对照。他谈到给予西方世界"人格"这个概念的希腊的现实概念——罗马文化和基督教，将之与较宗教性的中、印文化对照——中国文化既不如希腊哲学化，亦不如印度神秘。然而，西方欧洲现代文明建立的科学精神对个人化及理想化的潮流却构成障碍。他在西方文明的"非个人化"中得见"无"的因子，然这个"无"与佛家的"无"毫不相干。

西田在第二个关于日本文化的作品《日本文化的问题》

---

（接上页）希腊逻辑的为西方文化之基础。

(1938)中谈到：他认为日本文化中最好的地方是将之与西方联结而不是分离的东西。在文中，他宣称日本精神并非只是情绪与非逻辑，而有超越仅仅主观追寻真理的基本特质。"东方人中只有日本——尽管分享了那些(亚洲)文化——前去吸收西方文化，并创造一个新文化；其所以然者，主要不是靠了同样的精神，而是自由，不受约束的精神'直指向物'。"[1]西田在此提倡一种科学与理智的精神，为其早年作品所无。尽管如此，他观念中的"无"，是界定为超越西方绝对观念的一个范畴，因而意味着日本文化中有优越于西方的一种特殊直观能力。

"京都学派"的成员，西田的学生们，则将老师这个思想带到所有的领域，在西田比较形式化的哲学概念上加上实在性，以为指导国家政策与行动之用。此中主要的有铃木成高、高坂正显、西各启治、高山岩男，他们在20世纪30年代写了一系列的书及文章，大部分就当时的政局应用西田的概念谈其隐含的意义。1941年在"世界史的立场与日本"的学术会议上，他们的集体立场得到了共同的总结：这群人的中心目标在于建立他们所谓的"世界史之哲学"，事实上，

---

[1] 西田几多郎《日本文化の問題》(东京，1940)，3页。

他们是利用伪装下的黑格尔的形而上学为日本的侵略及继续帝国主义辩护。他们宣称日本是特别被指派来解决历史的挣扎，因她成功地在哲学上综合了东方人文主义与西方理智主义，因而也进向了人类发展的高一个阶段。这个成就的最终意义在于摧毁西方的霸权。是故，日本的扩张及侵略是进向人类完美新阶段的历史发展中的创造性运动。于此，尽管他们的目标与西田原先的哲学理想间的关系极小，这些学生们的文化理论却明白地显示了，在日本，一个反现代化的批评是如何被推涌成极度的国家主义理论。

## （八）柳田国男

我们已经见到的，日本的反现代化论客们，一方面明显地反官僚，另一方面却为高度的国家主义。他们的思想总是蕴含了对日本现代民族国家的彻底献身与他们痛恨"外国"官僚制度间的紧张。这紧张，只有在文化人类学家柳田国男（1865—1962）[1]那里才得到解决，柳田对明治体制

---

[1] 柳田国男几乎是只身创立了日本的民俗研究，过去20年中他被认为是极重要的文化哲学家与思想家。1931年东京出版了一份专门研究他和他的思想的期刊《柳田国男研究》；其他研究他思想的重要著作有：后藤给一郎《人と思想，柳田国男》（东京，1972）；中（转下页）

及其扩张力量极度不信任,以高度的警觉看待官僚对乡间的渗透——和梁漱溟与泰戈尔一样。类似于他本国的农业主义者权藤成卿和橘孝三郎,他深怕那将搅扰了根植于乡间本土文化中的日本公有生活。就在他还是农业局里的一个官员的时候,他就出版了他第一集的民间传说,借以支持他的想象:日本农民对官方命令、强力的君王及国家神道都漠不关心。他明言反对政府将全国神祠纳入官方行政体系中加以管理的政策。

柳田有志于乡村重建,可称之为"社会改造",他之所以写人类学乃相信这种知识可有效地具体地强化乡间农民的福祉。他主张创建一种俗文化科学,目的在于帮助解决现代技术带来的农村贫穷及困境,也相信人民了解了自己会有助于自觉与自我重建。是故,一个基于本土文化的新社会将因而能在其文化本身中建立,无须依仗中央政府官僚和技术性的工具。

柳田的作品认同于"常民"这个概念:每一个人早在成为社会的功能性个人——一个农民或一个工人之前,他首先,也是首要的是"常民"的一员。这个意思是:现代

---

(接上页)村哲《柳田国男の思想》(东京,1967)。

西方资本主义最具分裂性的方面之一乃依功能性的分工重新厘定人的地位；他事实上是抗议这种目前在日本推行的法理社会过程。呼吁注意"常民"及其文化也就是讨论他们通过实际生活在乡间的生活方式而表现的特殊社区样式。他确认此种生活方式的特殊性质为"公有主义"：指的是平面的社会关系由一个互相协作并以与地方守护神祉相一致的系统加以维持。他害怕在西方资本主义与中央官僚无情的渗透下，乡村的公有主义生活面临解体的危机，遂以一种亚洲的礼俗社会对这些现代化的入侵加以制衡；和许多西方的评者没有两样，正是由于这个理由他坚定地反对日本国家将地方祠寺组织纳入官方行政体系中。

柳田推动保存地方民间传说与信仰的运动，用以对抗全国性神祠被重新组织入国家神道的架构中。他相信国家神道乃通俗宗教行为的虚伪与做作的代表，他强调地方神道乃农耕社会自我崇拜，及在人与自然间祝愿本身统一与团结之持续现实的具体化，代替国家的，柳田预见一扩张了的守护神庙，也就是俗民社区获取比层阶国家更大的重要性。

柳田对俗民、农耕社会的强调，对他认为系西方进口的现代工业技术国家的种种要求，可说是一个强有力的替代，他的意见与权藤及橘孝多少是一致的。

在这些抗拒官僚与技术，维护农村社会的日本人士中，我们见到欧洲首先出现，中国与印度之后随之而兴的同类型反现代化的挣扎，其内容极为相似，然而也在极少数的例子中——如柳田、甘地、拉梅内——其内部国家主义与文化主义的紧张得到了解决；但是，官僚化与现代化的无情步伐却不顾他们的抗议，依然大步前行。就拿柳田的例子来说，他终生护卫的农村社区及其风习，今天在日本已经大部分绝迹。尽管如此，柳田继续在"二战"后的日本反现代思潮中扮演了一定的角色，特别是在20世纪60年代，出现了空前的民俗研究的大众化振兴——当然，话说回来，当时也正是世界范围的批评现代化的高潮时期——这个新的振兴成为20世纪60年代对环境污染、生态学与脱缰的现代科技特别注意的一个部分。他成了一个大众英雄，主要由于日本政治光谱的两个极端都有拥护他的理由，新的左派反现代化者与旧的右派论者都同样在他思想中见到可资采纳的地方，然而，就长远来看，历史变迁的大势是最清楚不过的：日本社会、经济变迁的动态，如其他地方一样，仍旧保持其现代化的步伐。

上述对"二战"后日本反现代化思潮的讨论，如讨论中、印的同类现象，是极为概括与不全的，最少还有几十位别的思想家可纳入此一总目之下，但为篇幅所限，只能谈到上述比较特殊的人物了。

# 十六　非洲及中东的批评

在非洲及中东,过去并无与今日现代民族国家相当的政治单位,这些地区多属"前现代"王国,后来则为殖民帝国的殖民地。在黑色非洲过去从来没有与现代非洲国家相应的"前现代"政治单位的存在,现代非洲各国主要乃欧洲殖民统治分割的反映,而不是旧有的种族划分或文化分野。同时,它和中东亦不同,黑色非洲也没有大一统的宗教传统。是故非洲的情况和亚洲大部分的情况多少有异,黑色非洲的知识分子并未产出文化民族主义义理——好比说去界定"加纳人"、"坦桑尼亚人"或"尼日利亚人"的文化。相反地,他们终极试图界定一个属于黑色种属全体的文化认同对象与主体——照例,用和其他所有强大"外人"相对照。

这种理论中最早的一个黑色人种创造者根本不是非洲人,他是加勒比人布利登(Edward W. Blyden, 1832—1902)。这个"黑种性"的理论直到另一个并非来自非洲的黑人塞沙勒(Aime Cesaire)在1935年用法文铸造了

"Negritude"这个词以后，才充分发展起来。在20世纪头10年和50年代，这个词成了表达非洲文化特性的公认哲学表现。应用这个词最有名的理论家是先格洛（Leopold Sedar Senglor）。他说"Negritude"是"黑色非洲文明的精神与价值，一种文化的万世继业"，"黑色非洲文化价值的整体"。1961年时为塞内加尔总统的先格洛，进一步阐释这个概念道：

> Negritude是种种文化价值的复合体——文化、经济、社会和政治——它特定地表征了黑色民族，或更精确地说表征了非洲黑人的世界；所有这些价值皆主要来自于直观理性，一种掌握现实的理性；通过自我委身的情绪表达自己，通过神话并合主观与客观；所谓神话也者，乃集体灵魂的原始意象，最重要的是通过原始的韵律，与宇宙的节奏相一致。

我们如将这一段话的某些词代之以印度、中国、日耳曼、俄罗斯等，以替换黑色种族，这样的意思可以是我们探讨中任何一个文化民族主义者所认同的。无疑地，非洲的理论家们亦可纳入吾人建立的模式之中。

"Negritude"这个概念进而发展到意指黑色非洲的族

群社会，与西方极端的个人主义相对照，这个理论宣称：非洲的族群社会保守了一种产生社区成员间愉快的均衡的公有主义。这个公有社会的结构立基于精神的与民主的种种价值，它们概括了文化的各个方面。"Negritude"同时包含了基本上属于种族主义的观点：它似乎主张黑色人种与白种人不同而另有特色，因为那是在热带千年来的农耕与游牧生活中，就他们的内里对土地和宇宙产生的一种契合。

先格洛的文化公式与我们习见的类似，包括了"直观理性"，与其他我们见到的"整合理性"与"理性"直接平行。他的理论提倡"融合"西方与非洲的文化，从这种融合中非洲人将创造性地整合双方"最佳"的因子，最终贡献于创立一个新的"世界文明"[1]。这个理论常被纳入泛非洲主义之中。由是以观，非洲似乎完全符合我的模式。

---

[1] 关于 Negritude 的概念和黑非洲文化主义意识形态的其他方面，可参看 Claude Wathier, *L'Afrique des Africains; Inventaire de la Negritude* (Paris, 1964); Leopold Senghor, "Negritude and African Socialism in Kenneth Kirkwood", ed. St. *Anthony's. Papers, Number* 15: *African Affairs*, *Number Lwo* (London, 1963); Robert W.July, "Nineteenth Century Negritude: Edward W. Blyden", *ournal of African History*, 1964; American Society of African Culture ed. *Pan-Africanism Reconsidered* (Berkeley, California, 1962)。

中东地区基本上是伊斯兰文化区；其中——比起世界其他大部分地区皆有过之的——宗教是文化的基础。因此，伊斯兰的文化民族主义者多为宗教性的人物(和印度一样)。由于现代伊斯兰诸国很少有与其契合的"前现代"前身，伊斯兰的文化振兴论者(如依克巴)，首先企望伊斯兰世界的重振，而不寻求其本身特定区域的再生。最早的伊斯兰振兴运动之基于这种理论者，系19世纪中各式的"兄弟会社"的组织，如Sasanuya。当然，最戏剧化的伊斯兰文化振兴理论家是伊朗的霍梅尼，他的理论与早期的伊斯兰文化振兴论并非那么不同——当然，除了专指美国为"撒旦"势力则为例外——霍梅尼的革命及其主张实际上只是更深更广地排斥西方个人主义、资本主义和物质主义的一部分——这些，最起码在理论上，是与伊斯兰的公有主义与精神主义相对立的。在大致的轮廓上，伊斯兰文化理论也与我们的模式相符。由于伊斯兰世界中宗派差异，族群与国家敌对，大范围文化差异等因素的复杂性，本书在此处不可能进行详细地检讨。

## 十七　当代欧美的批评

在当代西方,这个批评现代化的思潮,直到今日不断出现。为了看清反现代化批评迄今从未间断的发展,我们当看一些最具影响力的西方评者及其理论。

在当代欧美,"科技"成为攻击的主要对象,也许因为它在过去几十年中发展神速,并剧烈地改变了使用它们的社会之故,它在西方代表了现代化的整体。当代最具影响力的批判者,恐怕要算法国人埃吕尔(Jacques Ellul, 1921—1994)[1]了。据他说,目前西方诸社会的特征是他所称的"技术":定义是"理性追寻的各种方法的整体,对人类活动的任何一个领域皆具备绝对的有效性"——似乎很清楚,他说的就是笔者的定义。个别的"技术"存在于经济、政治、工作、宣传、运动与医药等各个领域;埃吕尔觉得现代人对技术之专注,对技术性完美的要求远超过所追求

---

[1] Ellul 的最重要著作是《技术社会》(*The Technical Society*, New York, 1964)。

的目的,而技术本身成了目的,而不再是手段。技术需求之重要性使得国家必须把生活的每个方面组织起来,其结果则为人类生活本身与人性尊严的败弃。技术使人与他工作的目的相分离,使他从与他联系的社会中分化出来,教育成了强使他合于模式的工具,运动成了维持他安静的技术,政治则为防止革命的技术——埃吕尔对社会主义与资本主义社会不加区别,它们为了它们自己的目的使用同样的技术。他认为技术与人文主义是不能共存的,技术有如葛氏定律(Gresham's Law),劣币恒驱逐良币。是故,尽管埃吕尔的批判用词稍有不同,进向也有异,它显然是吾人所描绘传统之一部分;其中许多二分概念一一出现。

埃吕尔没有提出解决之道,他本人对停止甚至减缓技术的进展是悲观的:有如潮涌,技术无情的前进,人类在其跟前无能为力。然而,和早年的评者一样,他倾向于夸耀过去的光彩,他无疑心仪于中古单纯的社会与生活。其中存有清明的精神,确定的道德,足够的安静与情操;当时人类尚未自失。

埃吕尔可说是20世纪60年代一系列批判者——大部分是美国人——的先驱,也是西欧青年"对现代反叛"的先知,他们产生了所谓"对抗性文化"(counter culture)之高涨的一种群众现象。——有如现代化之诞生,无疑,这

十七　当代欧美的批评

个空前规模的反现代化抗议运动在西方兴起不能不是诸多因素辐合的结果。例如越南战争、计算机世纪之始、西方中产阶级空前的富裕，以及空前数量的大学学生等。这些先知中的一位是罗札克（Theodore Roszak, 1933—2011）[1]，他将他的攻击集中在科学本身，他说客观意识（科学思考）将知识划分为两个领域：其一，研究者企图获取知识而没有个人的牵涉与献身（"在此其中"）；其二，则为"在那外面"。当进行实验时，科学家必须和他自己的情绪完全脱离，达到完全的客观，将"在那外面"当作全然非理智与无生命的存在；为了保证这种分离，科学家们发明器械来做度量，因此器械替代了脑筋；罗札克害怕以器械替代人成为科学的最后目标，他警告科学的意识形态遮蔽了所有其他思考方式，科技将人们粉碎在大量器械与机器之下，这些机械则井然有序又坚定不移地将人们一再非人化。罗札克与他精神上的先辈类似，认为人应主动地成为自然的一部分，保持其感官能力开放与持续关注、接收自然的讯息。他认可巫术，谈了很多关于族群巫师的事，认为他们帮助人们接收来自大自然的信息。倘若人们适应聆听自然，

---

[1] Roszak 的第一本重要著作是《反主流文化的形成》(*The Making of a Counter Culture*, New York, 1969)。

301

不受理智的干涉与分心，人们即可发展出最理想的人类品质，想象、意识与创造力被解放了，人类体现了他们充分的潜能。当然，这显然是神秘传统的直接后裔的路向。

和罗札克有很多方面近似的是莱克（Charles A. Reich, 1928—2019）。[1]莱克的书《美国的再青》（*The Creening of America*, 1970）及他"对抗性文化"运动的理论使他在20世纪70年代成了极端风行的人物。他提倡一种对抗性文化，少年人应注意直觉，服膺自然的韵律，将找人麻烦的暴君"理智"地搁置起来。在20世纪60年代的学生运动中，他见到美国自其对国家法人的效忠中挣脱，新的意识产生了："有如花朵自水泥的铺道下挣出……对一个认为世界乃不可救药的包裹在金属与塑胶之中的人……这几乎真正是美国的新绿再青了。"但是，他与罗札克不同，莱克认为现代化及其科技是一个必要的先决条件以"造成一种人性的改变，这样的改变被追寻了那么久却因匮乏当途的阻碍而始终不得实现……那个我们称为'人性'的东西乃必然的产物——匮乏与市场体系的必然。新的人性在今日是必要的，因为只有与人类的结合能予以我们意识的力量，抵御

---

[1] Charles A. Reich, *The Greening of America* (New York, 1971).

机器势不可当的需索与诱惑"[1]。

我认为莱克的议论特别有趣，因为它隐含的逻辑和梁漱溟在《东西文化及其哲学》中的文化演化理论类似。梁氏辩称"必要"与"事实"将迫使西方演进到一种中国式的文化，一旦它到达了第一条路径的尽头，也就是对自然的征服。是故，就一些方面而言，梁氏对西方改变其文化方面的预测不过是早了几十年。肯定地，西方对抗性文化的主要轮廓确实与梁氏预测的近似：自对生产的注意转向消费与享用；从对自然征伐转而向之妥协并与之交通；自竞争仇视变为合作及友爱；从理智到情操；自生活的手段的强调到生活本身及其目的之重视；从物质财富的数量到生活的品质；从个人自私到利他等。梁漱溟还预测了西方新出现的文化——如中国的传统文化——将对经济平等与公共福利予以新的强力的强调，也将转为社会主义式。这点，在20世纪60年代末及70年代初——特别是在美国——也被证明是正确的；在这时期美国政府确在个人权利与经济福利方面付出了空前数量的关注与金钱。就算梁氏所预期的西方将重兴其手工业也被证明是对的，就这一

---

[1] Charles A. Reich, *The Greening of America*(New York, 1971), p. 415.

角度而言，成千上万的年轻人的所为恰恰如此，其他相当数量的青年则放弃了他们家长现代化的富裕住居而创立了农村公社，其组织与中国式的大家庭相当近似，差别只是它们是由无血缘关系的年轻人所组成的。职是之故，倘若梁氏当时获悉美国的这种发展，他一定大大地受到鼓舞。西方大部分重要的"文化革命"中，人们确曾支持他关于西方文化的基本议论：当物质匮乏的问题一旦解决，西方文化将演进到另一个新阶段。

归根结底，梁漱溟的预测却是彻头彻尾的错了，因为西方的"文化革命"，美国的"新绿再青""对抗性文化"运动等，只不过是对现代历史明显的长期动态——现代化——进行持续批判的表象而已。尤有甚者，尽管表面上这些现象与梁氏的预测相像，在它们的基本性质——以及其对西方文化产生的长远效果——上，这种"文化革命"不过是基本启蒙原则长期的逻辑性发展之持续，对抗性文化的真正性质是个人主义的强化以及以个人的物质私利为仅有的道德准则，它对个人平等以及社会正义的强调无疑乃启蒙原则的扩充。它的终极基础仍为个体私利，而非自我否定与利他。这个事实，我们考察一下20世纪70年代末期及80年代早期，知识界如何评价其即刻的前时与现今，即可明白，他们的主要用词为："我的世代""自怜自爱的文化""放纵的一代"等。当然,工业化后期社会这个时期中的发展确实深远地改变了我所谓的"布尔乔亚功利文化"的某些侧面,个人的价值已不全然由他所做的事来评价,然而,我毕竟相信,就其根本及长远的性质而言,20世纪60年代晚期及70年代初期西方现代化确实在加速前进,而不是改变了方向。

就拿对抗性文化与"再青"对亲属关系与家庭的影响来看吧,那是更进一步的削弱:离婚、逃家、虐待儿童、缺乏教养等,这些年来都戏剧化地大增,尤其以美国为然。性生活的道德,其与家庭的紧密关连,彻底地败坏了;性主要成了个人的生理享受,与生育和家庭只剩下极暧昧的联系。生活各个领域的权威"专家"——家庭生活、儿童养育、心理治疗等——戏剧性地增加;另一方面,教会、神职人员、家庭,以及所有与传统社会结构相关的种种角色的权威与实际势力,却同样戏剧性地减弱;官僚机构与各式法庭的权威、活动、规模和势力——传统社会的主要的敌人——也爆炸性地膨胀;同时,非法律、非正式的任何一种组织在比例上也衰弱了。

我们应当注意到,要不是现代化的其他方面继续不断地发展的话,这些启蒙基本原则的种种进一步逻辑性发展是不可能的。比如性道德方面,不是有了方便的种种技术及节育方法，其改变即不可能发生。同样地，20世纪西方第一个"性革命"，没有汽车的广泛使用也就发生不了；其他关于个人平等的启蒙原则的进一步发展，例如，妇女"解放"不是有了将体力劳动机械化及自动化的先决条件，使体力上次于男性的妇女在大多数工作上与男性相等的话，也是不可能发生的。

20世纪60年代与70年代早期西方青年中的极端左派思想值得检讨：学生抗议、占领大学、恐怖主义与暴力等，与当时中国正在进行的"文化大革命"在很多方面都很近似，但大部分的现代化批评者（如埃吕尔、罗札克和莱克等）都不能说是左派。如我们所见，政治上左、右两派的批评在过去常常混融在一块儿；而同样地，当前西方的景象依然如此。要说像罗札克这样的人是从左还是从右对现代化进行批判是很难的，而有趣的却是，这些批判者中没有一个可被称为"自由派"！

当然，60年代有非常肯切的左派理论，卒成为对抗性文化的圣哲；马尔库塞的一些著作确曾为这时期学生活跃主义的大部分建立了哲理的基础。他最重要的一本书可说是《单向度的人》（*One Dimentional Man*），书中他试图为马克思与弗洛伊德的冲突理论找到和解：在他对现代化的批判中，马尔库塞主张先进工业文明通过其技术压制了人们却令他们大部分不感到这种压制的存在；借着为人们提供物质的需求，并发明新的需求与必要，现代社会窒毙了激进抗议的冲劲，舒缓了求变的潮流，因此"触手可及的剥削源头在客观理性的牌坊后失去了踪迹"[1]。

马尔库塞之为一马克思主义者，系他以技术为主宰与剥削的工具；但他又和马克思不一样，他并不简单地认定剥削者及受益人是"统治阶级"。有如埃吕尔，他认为社会作为一个整体受难于现代化之遗效，不光只是工人或"无产阶级"。

和埃吕尔一样，马尔库塞对人类的将来似乎并不怎么乐观，他认定所有的现代民族国家都是"极权主义"的，只能寄望于那些抗拒这个"体系"的人们了。那些如此行事的人，必将成为潜在的受害者，却由于他们，历史发展的方向才能掉转回头。这个理想遂成为20世纪60年代学生左派运动的动员号角，也成了他们种种抗议活动的基础。然而，马尔库塞本人则对成功的可能性保持悲观；"没有征象表示将有善果"，但是，他仍决意"保持忠诚于将生命贡

---

[1] 马尔库塞生长及受教育于德国，弱冠之后始移民美国，他第二本重要的书为《爱欲与文明》(*Eros and Civilization*, 1962)。他通常被认为是一个新弗洛伊德派的马克思主义者。

献于彻底拒斥无望的一群"。

另外一整个类型的西方当代现代化批评者（他们很少将政治与社会作为一个整体来批判）是有哲学倾向的心理学家与心理分析专家，他们注意的焦点在于个人内在的心理条件，而非社会。但他们对现代社会的诊断是再清楚不过的，他们认为那基本上是一个不健康的心理环境；这些人大多并不积极提倡什么正面的主张，而自我满足于消极性的批评。弗洛姆（Eric Fromm）在现代生活的问题上写作甚丰，最为典型：

> 吾人当前西方社会，尽管在物质、理智与政治上有所进展，却日益不利于精神的健康；同时趋向于毁损个人内心安全、快乐、理性与爱的能力之基础；社会倾向于将人们变为自动机械，而日增的精神疾患则为人类失败的代价；在狂热的追求工作与所谓欢快的冲刺下隐藏了绝望。

他并未将这些缺失只局限于西方现代化之效绩，因为："我警告的是，除非历史的道路改换了进向，全世界的人类都将丧失其为人的品质，成为无灵魂的机器人，甚至于自己都不觉得是这样。"[1]

现在似乎是相当明显的了，如果弗洛姆起首的议论不说"尽管"而说"由于"的话，我就会认为他更有真知灼见了。

---

[1] Eric Fromm, *The Sane Society* (New York, 1955).

# 十八 后现代主义

过去四十几年来,后现代主义(Postmodernism)这种特定的哲学或思想信条,是当代世界一个重要的思潮。这个思潮是20世纪60年代后期的西方思想开始对"启蒙事业"进行更广泛地重新回溯反省中的一支。事实上,后现代主义是对欧洲启蒙运动思想上的遗产所发动的全面抨击。以此观之,后现代主义应该被视为本书所讨论的历代对启蒙运动的持续批判的一个延续。当前,后现代主义已不再时髦,本书的大多数读者可能未必对其相当熟悉,因此我将会先多介绍一点所谓的后现代现象的详细内容。

本文对后现代主义所做的一切说明和批评同样适用于后结构主义(Post-structuralism)或解构主义(Deconstructionism)。这个章节准备处理以下两个方面的问题:

第一是定义。后现代主义是什么,它与后结构主义之间有什么关系,在最著名的后现代主义学者的论述中其基本立场与假设是什么。

第二是批判。后现代主义有哪些正确及错误的地方，哪些方面应该被批评。

## 第一部分　定义

那些无论在情感还是专业上深入其中的人们恐怕不会接受任何对后现代主义所下的定义。大部分后现代学者也否认"后现代"是一个"运动"。大部分的人甚至否认这个"主义"的存在。就拿后现代阵营的主要代表人物德里达（Derrida）来说，他从来不用这个词，甚至刻意地与它保持距离。他们所持的理由通常是后现代主义无法被定义，因为为它下定义本身就违背了后现代主义的基本理念。无疑地，后现代主义者会认为我的评价有欠公允，或以为我尝试表达无法表达的事物本身就有误导之嫌。

在此应该提到后现代运动原来的思想领袖的作品与现在的后现代学者的作品，在如德里达、福柯（Foucault）等该运动思想领袖的原创性作品中，双关语、匠心独运的词汇应用和一种欢乐愉悦（戏谑？）的精神充斥其间，构成他们作品中最重要的特色。但是他们的后学弟子往往无法拥有与之匹敌的文学天分和愉快（戏谑？）精神；取而代之的是一种严肃的、带有宗教性的态度，甚至直截了当地崇尚艰深晦涩、故弄玄虚，看不起简明易懂的文章风格。这些后进者往往不具备这种清楚表达的能力，所以他们的作品不好看，淡而无味。

## "运动"的发展

后现代思潮来自三个传统。其中最激进的一派是由德里达、福柯、利奥塔（Lyotard）等人所代表的法国后现代主义。他们主张每一个人都在创造他自己的现实存在，无法对各个不同的现实做出裁判，因为根本没有任何独立的评判标准。这些法国后现代主义者发展出一套文学批评方法，又称"解构主义"，它基本上是从个人的兴趣和倾向出发来诠释文学作品的一种方法。法国后现代主义者又被称为极端的相对主义者。

后现代主义思潮的第二个传统是来自库恩（Thomas Kuhn）、拉卡托斯（Lakatos）和费耶阿本德（Paul Feyerabend）等人的科学哲学，这一传统比较为人所熟知。他们三位都承认科学架构的复杂性，并认为科学在其自身的研究传统脉络中发展，而科学传统本身则有界定科学成功与否的标准。库恩将注意力集中于知识社会学，着重探讨科学社群是如何由一个典范（paradigm）转移到另一个典范。拉卡托斯尝试重建一套客观的标准,据此检验任何特定的研究传统究竟是进步的还是退化的。

后现代主义的第三个传统是解释学传统。这个传统也被一些人看作务实派的传统。解释学就是诠释,解释学在传统意义上是对古代的,尤其是神圣的宗教文本进行诠释。然而自19、20世纪以来,解释学的研究逐渐普及到其他领域,例如文学、艺术、法学,以及最近的社会科学。解释学传统中的领导人物有海德格尔(Heidegger)、伽达默尔(Gadamer)、哈贝马斯(Habermas)、利科(Paul Ricoeur)和泰勒(Charles Taylor)。

上述这些传统都涉及一般的"后现代情绪",彼此也具有许多共同的特质,可是我在这个章节中只打算讨论第一种传统,也就是法国后现代主义,因为这是一般人在使用后现代主义这一名词时最常指涉的传统。

后结构主义在20世纪70年代通过不同的方式大约同时进入了美国学术圈。举例来说,德里达当时在耶鲁大学教书,他在文学院培养了一批门生。起初学术界那些研究文学批评和文学理论的人对后结构主义哲学感兴趣。当时福柯以及其他后结构主义作家的作品也开始被学术界中的一些人士阅读,尤其女性主义者以及男女同性恋人士。这些作品当中包含对社会及文化潮流的讨论,例如社会结构,组织和认同的多样化,对宏观理论或伦理体系的怀疑、不信任。

鉴于为后现代主义下定义是如此困难,我将采用以下的方法。首先我会简要描述重要的后现代主义思想家们的思想,包括德里达、罗兰·巴特(Roland Barthes)、利奥塔以及福柯。之后,我将找出我认为能够贯穿这些主要后现代思想家们思想的共同线索,并加以讨论。最后,我将批判后现代主义,并对它的起源及成功之处提出历史的解释。

## 德里达(Jacques Derrida, 1930—2004)

《人文科学论域中的结构、符号以及游移性》("Structure, Sign and Play in the Discourse of Human Sciences")是德里达在1966年的一篇演讲,它被看作是一个分水岭。这篇文章对后现代主义的基本信条做出比较连贯清楚的叙述。这篇演讲发表在约翰霍普金斯大学的一个关于结构主义的会议上,并且收录在《书写与歧异》(*Writing and Difference*)一书中。在这篇演讲里(以及日后德里达的作品中),他批评西方的所有形而上学思想都是依靠"逻各斯"(Logos)形成,西方的所有思想都是"逻各斯中心式"(logocentric)的。就这方面来说,德里达也批评了柏拉图,因为柏拉图的思想首开"逻各斯中心式"形而上思想的先河。然而,如果德里达对非西方思想稍有认识的话,他或许会将大部分的非西方思想纳入批评范围内。逻各斯可以是上帝(例如在圣约翰福音中的God),可以是黑格尔思想体系里的"绝对者"(absolute),也可以是中国思想中的"道",或者是结构主义思想中的"结构"的概念。实际上,逻各斯是任何一种知识(哲学、语言学、科学等)所寻求的终极意义。

德里达认为世界上没有纯粹的、根源式的存在(上帝、绝对、道),世上没有模范,没有中心,也没有任何足以提供价值判断的标准。因此,人类无法找出一条可以回溯至任何原创性的存在或逻辑的途径。

德里达在这一篇批评中认为自己的思想继承自尼采、弗洛伊德和海德格尔等人。德里达认为尼采摧毁了存在和真理等概念,二者因此被视为是变动不拘且武断主观的。弗洛伊德摒斥了主体性自我(意识)可以充任超越的指涉物(transcendental signified)这一信念(如同在康德思想所表现的那样)。海德格尔则摧毁了将存在(being)视为现实(presence)这一观念,他认为存在(existence)先于本质(essence)。

德里达写作的同时似乎在揭露一个巨大的形而上学的计划——它是一个存在的理论,贯穿自柏拉图至海德格尔，它也是一个信仰，主张直接即刻是真理而间接迂回是罪恶。所以在德里达的思想里，意义被无限期地推迟压抑（deferred）。每当我们试着从文本中找意义，我们便入了"无道"（aporia）的陷阱中（或译为"难点"，这是一个表示难以通行、讨论进入了死胡同的古希腊单词）。我们于是进入了一个悬疑不定的状态，在其中意义总是不停被推移至另外的事物。这当中隐含对语言能否表达意义这一能力的质疑。

德里达这一巨大设计中的一部分是它的双重结构（binary structure），其中的一重，因为比较接近逻各斯，故较受重视（例子包括了自然/人为、灵魂/身体、思想/实际、言谈/写作等，当中的自然、灵魂、思想是为更重要的）。德里达如此分析是出于言谈（speech）比写作（writing）更重要的信念。此信念主张言谈在某方面是语言的自然或直接的形式。现实/存在的信条经常赞赏交谈或者语汇，而对写作采取颇为轻视的态度。

德里达解构所有尝试创立中心论述的企图，他以"意义的完全自由游移"（full free play of meaning）加以替代。这样一来我们就可免除被任何固定的事实或根源所羁绊，我们也不必因为意义的缺乏而有罪恶感。这很明显地属于后现代主义中存在主义的一脉思想，这一脉思潮表现在后期的海德格尔至萨特(Sartre)身上。对德里达来说,"无道"是一个愉悦的、积极快乐的状态。

至于语言无法包含或者传达真理的论点,在过去数千年来早以各种方式出现过。在中国文化架构下,相关的批评最早即由老子和庄子提出,甚至更早出现在《易经》之中。近代以来,这个论点由哲学直觉主义者和现象学者所继承发展,他们包括了柏格森、胡塞尔(Edmund Husserl)以及海德格尔。这个关于语言本质的批判论点无疑使得这些学者遇到了一个困境,当中也包括德里达。毕竟他是利用语言来批判语言,陷入了自相矛盾。对传达者和接受者来说,如果二者没有共同的基础,则语言无法作为彼此沟通的媒介,语言甚至无法存在。换句话说,演者或作家若要发表任何声明文字,他们都必须在某种程度上"固定意义",也就是求助于某些逻各斯、某些中心价值。这是为什么德里达的作品中充满了变动游移的矛盾、灵活的语汇、咬文嚼字。因为这样他才能够与"解构"保持距离。

## 罗兰·巴特(Roland Barthes,1915—1980)

罗兰·巴特比其他后现代主义思想家们成名更早。早在20世纪50年代,他在文学批评圈内就已相当出名。在这里有一点值得注意，罗兰·巴特与其他许多后现代主义者一样，是个"局外人"（outsider）。他的背景与当时法国社会格格不入，法国社会在 20 世纪 40 年代强调异性恋、天主教，以及认为所有知识分子都该有大学文凭。他是同性恋者、新教徒，也是大学肄业生。

罗兰·巴特在他 1957 年的作品《神话学》（*Mythologies*）一书中详细阐述了他的计划（他把所有被认为理所当然的真理视为神话，并欲揭露其真面目）和方法［符号学（Semiotics）的方法］。他所关心的重点在于找出隐藏在大众文化中具压迫性的目的，而他的目的在于将人类从集体制造的意识（通过大众媒体）中解放出来，并鼓励人们将自己个体化，以成为强壮的个体。这便是后现代主义的中心价值——个体化（individualization）。同时这也表示一个往内在性（interiority）和主体性（subjectivity）撤退的过程。罗兰·巴特方案的终极目标——和后现代主义整体来说一样——在于将人类自我从错误的、武断的限制和事先预想的认同中解放出来，这些限制约束了人类活动。罗兰·巴特的思想主旨——如同所有后现代主义者一样——是负面的，对所有限制人类的约束表达抗议。

罗兰·巴特的行动计划瞄准了几乎每一个被大众所接受的信念，特别是那些关于外在世界的确存在的信念。罗兰·巴特认为整个外在世界,不光只是我们的社会,也包括了自然世界,不过是一个被文化和语言建构出来的东西。

符号学就是研究符号(signs)的科学。它研究符号之间的关系联结,这些联结使任何符号系统形成连贯的象征组合。对符号学有效性的检视在于符号之间逻辑的连贯性,而非符号与现实世界的"关联"(correspondence)。任何有系统的象征组合就是符号系统。马克思主义、基督教、服装流行、广告等都是符号学系统。罗兰·巴特和符号学的这一部分理论是积极正面的。它允许各种公开的诠释。

罗兰·巴特的揭露计划在他1957年第一本重要著作《神话学》以及十五年后出版的《今日神话》(*Myth Today*)中有清楚的叙述。在《神话学》一书中,罗兰·巴特揭露媒体,他向读者展示所有的成规,所有的共生体系都是在为一小撮精英分子的利益服务。罗兰·巴特力求祛除一切事物的神话性,他展示事物的表面都是压迫的工具。他从表面结构向深层结构迈进。十五年后,罗兰·巴特总结道,除了表面以外别无他物,世界上已经没有任何事物需要被揭露。我们看到的是一个又一个的面具,他于是说道:所谓去神话化(demythologizing)只不过是在建构另一个神话。

罗兰·巴特的思想,一言以蔽之,就是任何关于人类自由的限制终究是神话。他把批判者视为意义的最高权威。

作者的权威（authorial authority）是他所急欲除之而后快的东西。在文本的范围内，批评者不受约束，可为所欲为，而作者本身的创作意图则不必加以理会。罗兰·巴特想要解放所指（signifier）与所指（signified）之间的关联。和福柯、利奥塔或其他后现代主义者一样，罗兰·巴特认为世上只有两件事是真实的——追求享乐的意愿和追求权力的欲望，对罗兰·巴特而言前者更为重要。因此批评者可以从文本或世界上撷取一切可以给他快乐的意义。既然任何事都是由社会及语言建构出来的，那一旦它妨碍我们追求欢乐，我们就可解构它。每一个人都处在他/她的主体性之中，我们应该把寻找现实这回事抛诸脑后。

罗兰·巴特希望将人类从霸权式论述（hegemonic discourses）的纠结之中释放出来。新的作者就是批评者。在过去，诗人被外在世界的一举一动所限，但批评家则不受限制。批评家可不必理会自然或外界。因此，罗兰·巴特的思想是一种唯我主义（Solipsism）。

## 利奥塔（Jean-Francois Lyotard，1924—1998）

利奥塔的著作《后现代情境》（*The Postmodern Condition*，1979）一书中不只论述利奥塔本人的思想，它也对后现代主义做了清楚简明的讨论。与德里达和其他人一样,利奥塔是一个"反原教旨主义"(anti-foundationalist)的思想家。与罗兰·巴特和福柯一样,利奥塔否定世界上有某种真相可以被揭发这样的观念,他也反对所有整体性的巨型论述。利奥塔的目的在于将人类从外在的限制中解放出来,在政治上他期望有一套制度,这套制度能够满足对正义的需求和对不可知的需求(尽管他从未明言何谓正义)。

和其他后现代主义者一样,利奥塔重视认识论,特别是知识的地位。他认为我们无法将政治体制、艺术、科学或者其他任何标准合法化(legitimize)。这就是说我们过去所接受的"整体性的普遍化"(generalizing totalizing narratives)已不合时宜。在利奥塔的思想里,这些整体性的叙述就等于德里达的逻各斯中心主义。与大部分后现代主义者一样,利奥塔反对共识,而倡导异见和歧异。共识愈大,则表示统合性叙述的控制力道愈强。共识其实就是现代性论述控制力量的象征符号,它压制了其他的论述空间,不允许"其他"出现。所有的集合性论述在本质上都在让其他论述噤声,他们与威权式或恐怖主义式的论述差堪比拟。

利奥塔的理论中有两个极为重要的词需要加以解释。第一个是"运作效能原则"(Performativity)——这个词就是"效率"的意思。运作效能这个观念立基并建构于进步的资本主义科学中。效率在现代集合性论域中被理解为内含的理性化、逻辑化以及自我正当化。利奥塔主张除非你接受它成为巨型论述的基础，它不足以成为合法的意识形态。所以运作效能原则不过只是另一个压迫性的神话。

后现代主义的情境本质就是除去所有大型论述的合法性基础。那我们要拿什么东西代替呢？利奥塔并没有想出一套完整的替代方案。他主张在一个社会里各式各样的言论或想法都能被充分接受，并肯定他们的合法性，这已经是利奥塔所能想到的最接近替代方案的计划了。可以这样说，利奥塔希望的是"百花齐放"——即每一个论域每一个思想都应该平等，彼此在同一个基础上，没有阶级关系之分。

利奥塔提出了"追求悖谬"（Paralogy）的概念，用来代替现代主义的集合性论述以作为合法性的基础。他主张废除科学理论，用无限数量的立场加以代替，观点间无好坏高下之分。科学和现代国家致力于压制持不同意见的人们，让他们噤声。而在悖谬概念盛行的世界，思想活动不会做出任何集合式的主张，并据此判断衡量其他论域。悖谬的理念支持异议以及边缘性，也就是说所有的论域都是平等的，因此意见即等同知识。依据这个理念，世上不应该有压迫，只应该有劝说。各人依照他们所相信的理念做事。

利奥塔思想中另一个重要的词是"Differand"，这词指的是一个无法沟通的"场地"(site)，它表示几个论域之间彼此不对等，或无法通过翻译来相互了解。在现代性的宏观论域中，这个场所并不存在，因为在任意两个无法通过翻译所了解的论域之中，一定有一个是正确的，另一个是错误的。

利奥塔的追求悖谬这一理念在某些方面还蛮吸引人的。这是个高度民主的观念，就像他主张所有的意见和知识都平等。这同时也是一个"肯定"的论述，因为它不承认世界上有错误存在，唯一的例外似乎是任何人假如持的是"现代主义"(Modernist)的意见，那么依据这个悖谬理念，他/她绝对是错误的！

## 福柯 (Michel Foucault, 1926—1984)

以上三位后现代思想家的特色都可以在福柯身上发现。和其他人一样，福柯是一个"局外人"，他是个同性恋者，甚至可能是个精神病患者。福柯的政治立场是极左派，这一点他与几乎所有法国知识分子一致。福柯在主要的后现代主义思想家当中是唯一的历史学家，他对史学写作有极重要的影响。与其他后现代主义思想家一样，福柯认为自己是尼采及海德格尔思想的继承者，但是通过对认识论的关注，他对知识似乎采取康德的批判立场。如同其他思想家，福柯对外在环境（physical reality）所加诸人类自由的限制大加轻蔑。他尤其感兴趣的是消除置身"自然"之中的论域的合法性。

福柯的思想主旨是负面的，他的方案立基在极端扩大人类自由领域的抵抗式哲学，这个目标的达成有赖于摧毁社会上习以为常的区分违禁和良善的结构。所以福柯务求消灭世上所有道德、政治以及认识论的观点。通过他各式各样关于罪犯、疯子和性的作品，他对这些架构提出质疑——包括犯罪、发疯、不道德的性关系等。他更进一步将违禁看作一个整体并加以质疑——就如同他把所有这些都视为自我强加的限制。

他的主要作品清楚地陈述了这些主题。他的第一本重要著作是《疯癫与文明》（*Madness and Civilization*，1961），他在书中质疑疯癫这个范畴。和其他限制一样，这是一个由社会所建构的概念，它为社会上一小部分精英的利益服务。在这个例子里，资产阶级建构出发疯的概念以便使将人送进疯人院的行为合法化。福柯认为近代之前因为无利可图，所以并没有污名化或边缘化疯子的例证。

福柯的下一本，也许是最重要的著作聚焦在认识论的问题上。在《词与物》(The Order of Things, 1966)一书中，福柯对该议题做了处理。相同的方法论及知识论的问题也在《知识考古学》(The Archaeological of Knowledge, 1969)中提出过。在该书中福柯依照时段简介西方历史发展，这些时期相对应于他所称的"知识"(Epistemes)，这个用法大致类似于"世界观"(Worldview)，或者黑格尔的"时代精神"。他依据欧洲历史发展的某些时期检视了知识是如何形成的以及思想的发展方式。例如从1500至1650年的这一段时间中，福柯主张模拟式的方法（即在两件事物中寻找相似性）主导思想发展；在1800至1980年间，则是分析占主导地位，需要宏观论述来将事物合法化的这一观念；1980年以后则是后现代的时代，现代的宏观论述崩解无存，而没有任何价值可被合法地确立。其他的一些属于现代的观念——例如人类，也接近终点。

在这个历史架构下，福柯尝试将康德的推理演绎的范畴历史化（即展示它是如何依赖偶然不定）——时间、空间、因果等——这些在康德思想中必须且全面的观念。福柯主张这些范畴并非恒久不变的，他们也并非焊接在人类的脑袋中，他们都是历史的偶然。福柯的最后两本著作持续质疑思想的基本范畴，他主张这些范畴都是出于社会的偶然组合，也就是出于社会建构以及为精英的目标服务。

在《规训与惩罚：监狱的诞生》(*Discipline and Punish: The Birth of the Prison*, 1975)一书中，福柯持相同的立场而将争论的对象转至犯罪、罪犯以及社会边缘层面。19世纪现代刑罚系统创立，通过这个系统，罪犯们被灌输节俭、正常、秩序和工作等习惯以求矫正偏差的行为。事实上，福柯争论，这完全是工业资产阶级的建构，目的是要创造出一个可塑性高且有效率的无产阶级。他批判现代监狱，因为它不合理地限制了人类的自由。一则关于福柯的故事很生动地将这一点描绘出来。一群反对死刑的知识分子带着一份陈情书请他签名。福柯当下就答应签字，但他滔滔不绝地陈述超越死刑以外的东西：他主张废除所有的刑罚体系！福柯和大部分其他后现代主义者们的心腹大患就是客观自然的存在。只要客观的现实世界限制人类自由，只要关于自然的概念所指的是心灵外部的事物，它们都是对个人幸福和权力追求的限制。福柯关于性的历史的书就是一例。这本书从头到尾几乎没有提到女人或女性。在我看来，理由非常简单。如果他在书中讨论性的生物（就是自然）功能，那么自然规范的问题就会出现。如果承认任何独立于内心和人类意志的结构（例如自然）存在，那么后现代主义所赖以为基础的绝对的主体性就会受到质疑，如此一来，这个绝对主体性所担负的自由也将沦为泡影。

在他的最后一本著作，《性史》(The History of Sexuality, 1984)中，福柯对性采取与此前一贯的立场。在这三卷著作的第一卷中，他主张同性恋是19世纪创造出来的范畴；在这之前，同性恋只不过属于一般所谓"皮肉享乐"范畴的一部分。在二、三卷中，他认为异性恋同样是由社会所建构出来的。

我在此要大胆尝试作一些概述评论。我把后现代主义基本上当作是二战以来对于欧洲启蒙运动所衍生出的理性化(Rationalization)、现代化(Modernization)的一个持续的、扩张性的批判。

我所称的"反现代化思想"当中的绝大部分又被称为浪漫主义。我之所以选择"反现代化"这个名称是因为我在其他的、非浪漫主义思想家对现代化的反应当中发现其与浪漫主义者的反应有相似之处。当然，后现代主义与浪漫主义彼此之间的确高度类似。后现代主义思想家们在个人和情感上采取的立场与尼采式孤单的浪漫的个人主义前后辉映。只要稍微注意一下罗兰·巴特所强调政治中的两种期望便可知一二——他们是对公平正义的期望（这本身就是一个浪漫主义式的概念），以及最值得注意的，对不可知的期望,后者是浪漫主义思潮中的强烈元素。这些对于现代主义的批判内容和19世纪浪漫主义对启蒙思潮的批判几乎一致。

事实上,后现代主义的作品中到处充满了对于启蒙思想的负面评价(后者被认为是造成近代以来各种不幸的罪魁祸首。这些作品很明显地敌视人类社会中逐渐加强的专业化和效率化),对于前现代社会的情形则不论实际,一律赞扬。"运作效能原则"被视为人类生活中的一大罪恶。后现代主义者批判现代性所产生的一切:西方文明、工业化、城市化、高科技,还有民族国家的所有经验累积。

第二条贯穿后现代主义和"理论"的线索是极端的主体化。如同鲍德里亚(Jean Baudrillard)所言:"理论的秘密在于真理根本不存在。"真理是一个启蒙主义的价值观,光是如此它就应当被摒弃。真理本身牵涉秩序、规范和价值判断的标准;它依靠逻辑、理智以及理性,而这些正是后现代主义者所质疑的。在现代世界中,对真理的肯定宣称是尝试创造知识的先决条件,这是建立在真理的绝对性的假设之上的。

后现代主义最重要的认识论立场在于客观的现实并不存在,只有心灵的概念才真正存在,事实上内心创造了个别意识的存在。人所可以做的最大冀求是在变动不拘的意识感觉（彼此之间以及个体之内）中维持暂时的联系。心灵并非由现实的存在决定，而是心灵决定了现实的存在。

第三条贯穿后现代的线索是反对一切权威（除了它自己的权威之外）。正因为世界上任何事情都没有最终的以及绝对的真理，没有人可以施加任何绝对的权威于他人之上。每个人都在创造他们自己的世界，或者更明确地说，每个人都通过他所学习的语言来创造他自己的世界。语言以及产生语言的文化只不过是权力游戏的产物，它是被特定利益的人们所创造操作，并为他们服务（他们指的多半是各种社会、经济和政治地位的异性恋男性）。可以这么说：不论任何形式的规范和权威只不过是被各色权力掌控者所创造出来的东西。

第四条贯穿后现代的线索是极端的平等主义。后现代主义者不承认真理存在，或者他们对所有发掘真理的研究均不感兴趣。真理不是毫无意义，就是主观武断。因此，学者所追求的真理与最明显的广告宣传之间毫无区别。事实上，后现代主义者将真理当成一种恐怖主义的形式，因为真理在本质上就有让反对者噤声的意涵。因此真理实际是正当化强者而让弱者居于不安的地位。利奥塔论断真理务求消灭"他者"（the other）的观点（也就是那些与社会所接受的真理相抵触的意见）。要了解任何事物，均必须由它的社会意义着手，因为事物都是由社会意义或是由语言构成，这个隐含理论或诠释绝对无待，它优先存在于任何事物，包含一切，且不受任何规范检验。

第五条线索则是极端的"浪漫派"的个人主义。如果有任何一个积极性的计划或潜在价值联合后现代主义者的话，那就是促进和扩展人类自由的领域。就此端言之，它就是致力消除所有约束人类自由的权威或权力结构。许多后现代主义的信仰者（尤其是左派）有时不明白，人类自由领域的扩大是以个人的行动自由为中心，而非根据任何阶级或集体。后现代主义事实上就是个人主义的极端形式。尼采这个最重要的浪漫派个人主义者，同时是后现代主义运动精神上的始祖。让我们以福柯为例，很明显的，任何权威——文化上、政治上、社会上、道德上——都是亟欲被摧毁打垮的主要敌人，因为它内含对于个人自由的限制。福柯关于人的概念与霍布斯（Hobbes）极为近似：人是由欲望所驱动的组织——包括欢乐的欲望和权力的欲望。任何企图限制个人对欢乐和权力的追求是绝对的恶。因此，所有的社会，道德或政治的路径规范以及奠基在这些规范之上的概念都必须被摧毁。从某方面来说，这个对任何事物持续性的（以及不连贯的）反对，这么一个抵制、抗争的哲学思想，也颇为接近浪漫主义思想。

就后现代主义者所能设想的理想世界而论,每一个人都创造他们的个别世界和该世界所建构于其上的论域。举例来说,利奥塔和罗兰·巴特会设想一个每一个人都是理论家或批评家的世界,当中每一个人都在建构一个不受外在霸权论域(hegemonic discourses)所控制的世界。唯一的规范、真理、道德和行动是个人为自己所创造的。

## 第二部分 批判

也许我在这里花时间批评后现代主义是愚蠢的。过去美国学术界尝试对后现代主义所做的批评不是毫无结果,便是如凤毛麟角。整体来说,那些不同意后现代主义的人会疏远它而非挑战它。部分原因是后现代的相关论著包罗万象,论说晦涩不清,部分则是因为批评者的角色向来不讨好。后现代主义追随者们对它的情感依附和自我认同有如宗教信仰者一般。后现代主义的认识论预设似乎是神圣不可侵犯的。后现代主义的人对异见、异议总是给予嘲讽和排斥而不愿公开辩论这些预设。

另外,意见或方法上很少受到挑战,部分是因为响应这种挑战难免会牵涉道德体系。后现代主义对所有价值和真理的宣称采取怀疑的态度,这使号召它的支持者参与探讨道德标准变得困难重重。因为如此一来，后现代主义者就必须跨出那个自我封闭且自我参照、自成一体的世界。

当然，我认为后现代主义有其可取之处。举例来说，罗兰·巴特的符号学理论允许各种公开的解释，反对固定于任何单一的、"正确"的解释。在我所专研的历史领域中，我认为这一点极为重要。任何人都可利用多重性的解释方式，不必偏重一种而拒绝其他。这个思考角度是高度民主化的，它鼓励新解释的发展。

我认为，后现代主义的负面效应则远大于其正面效应。首先，这些理论是基于错误的事实。福柯的历史作品中充满了基本事实的谬误。例如他经常误植年代以使他的理论具有说服力，当中差距可达数十年，甚至有时达一世纪。德里达说言谈比写作更优先、更重要。事实上，这个论点与事实刚好相反。在西方，文字作品从来都是受到高度重视的，这不单对德里达的作品而言是如此，也包括对他所认为的"逻各斯中心主义"思想家们的作品——如柏拉图、卢梭、索绪尔、列维-斯特劳斯等人。这些例子中流露出一种对占居绝对优势地位的写作的罕见抗议，但少而散，不足以代表西方形而上学主流，至于在中国这个伟大的古文明里，毫无疑问，写作比言谈更受重视。

其次，所有的后现代学者持续批判、解构，以及质问其他论域，但却小心地避免用相同的方法检视后现代论域本身。后现代主义者不批判他们自己的基本论域，是因为他们的理论根本经不起考验。后现代主义作为一个意识形态，它植根于对所有的规范、原则、机构、价值的全面怀疑之上，除了对自己以外。它向所有的非后现代学者传授所谓"反省"（reflexivity），而自己却不受其约制。

第三，如果没有什么事情可被合法化，那么压迫和自由都应该被同等地接受。这个观点超越了善恶之分。为何政治改革会比现在的情势或过去的政治情形更好？后现代主义者所提倡的政治或社会运动都没有道德或哲学的基础。为什么人类自由领域的扩大会比收缩要来得好？过去数十年来，我们看到后现代大师的追随者们利用这些方法来将其他的论域非法化，并要求他人顺从他们的政治观点。

整个后现代主义架构是建立在一项无法否定的事实上：人只能用自己的内心来体验现实，而且这种经验总通过语言来调和；文化在这些范畴的建构过程中扮演一定的角色。如果没有这些范畴将经验排定次序，经验将不具有任何意义。我们拥有心灵范畴（文化或者语言）来处理现实，是因为我们必须在这个世界上适当地生活。当然，从感官的范畴无法调和的意义上来说，我们不能了解绝对真实的现实世界，但这并不表示感觉全部被这些范畴塑造，也不表示感觉与被经验的世界现实毫不相关。

我对后现代主义的三个批评着重在于认识论上追逐自己的尾巴这个永无止尽的游戏。如果世上真有无限制的语言游戏的话，彼此沟通根本不可能。所有的思想论域都只是在吹颂自己的好，徒然制造喧嚣罢了。这是一个向自身的撤退，它同时也拒绝了外在世界，因为它阻碍知识分子的自我中心主义。在这种情况下，任何沟通将不可能，这个极端的主体化会将所有的学术机构打为非法。如果一个大学教授无法与学生沟通，或者只能传达意见，那为什么需要专业课程？为什么要花钱请教授们来教导在价值上与学生的意见相等的东西呢？

后现代主义缺乏实在的内容。我读过许多后现代主义的著作，只觉得他们的内容陈旧老套或根本就是不言自明的道理或常识。其他一些在这类作品中已经成名的观念（尽管有时是不经意的）往往是诉诸权威而不是通过逻辑。

另外一个常用的策略是将猜测性质的理论冒充成有根据的科学，这是后现代主义的特色之一，会导致所谓"索柯尔的骗局"（Sokal Hoax）。索柯尔这位物理学家向后现代思想期刊《社会文本》（*Social Text*）提交了一篇内容拙劣的关于后现代思潮的模仿文章。这篇文章以典型的后现代形式挖苦"外在的世界的确存在"这样一个老旧愚蠢的"教条"——物质世界只不过是一个社会和语言的创造物。

《社会文本》的编辑者们对于一个物理学家竟然向他们投诚大喜过望,于是刊登了这篇文章。一段时间以后,这个丑闻被揭穿,而且登上了《纽约时报》。1998年,索氏和比利时物理学家让·布吕克蒙(Jean Bricmont)出版了一本《时髦的胡说八道:后现代知识分子们对科学的滥用》(*Fashionable Nonsense: Postmodern Intellectuals' Abuse of Science*),论述后现代主义的重要人物们经常错误地呈现或者完全误解科学概念。

总而言之,在本书讨论的各种"反现代化"思潮中,后现代主义显得相当独特,原因在于它很明显在批判启蒙价值,例如理性、科学、合理化(效率化)及其在所有社会的、经济的组织中的运作过程,它却也造成另一些启蒙价值的极度膨胀与细致深化,像个人主义、个人自由与道德相对主义,皆被扩大了涵盖范围。后现代主义是自我矛盾的,它一方面崇尚所有非西方的信仰体系与宗教,一方面却一概谴责所有西方的信仰体系与宗教。与此同时,它又自我矛盾地根除了支持任何一种价值观的哲学基础。后现代主义也自我矛盾地谴责所有的"权威",却未曾质疑过它自身的权威。纵然后现代主义现在已不再"时髦",但它已在全世界的学术思想界留下了永久性的影响。

# 结　论

尽管以上对反现代化思潮的检讨极为粗糙且缺乏系统，可是我们仍能清晰见到其中有确定的模式存在，无论何处这种持续的批评之基本内涵，是建基在一套反映了现代与传统社会种种异点的二分概念之上的。在这个批评的传统中，存在着一个我们称为"文化民族主义"的范畴：在任何文化或国家，只要是它面对现代化的民族国家的军事力量与经济优势，而被迫为自卫向外做文化引进时，不可避免地就要发生。文化民族主义的普遍模式首先在日耳曼诸邦及其他"非西方"的欧洲民族中——如俄罗斯诸民族——出现；他们的文化哲学理论与批评预示了也显示了非西方文化民族主义思想的形态。文化民族主义思想中与生俱来的是一系列紧张与矛盾，如国家主义与文化主义、共相与殊相之间的矛盾等。只在极少数的思想家中——如甘地——这种矛盾才不存在，其理由正因为这些思想家情愿牺牲他身属的民族国家的强盛，也牺牲其人民生活的物质标准，才会成为可能。

结　论

许多反现代化批评者在少年时都是献身现代化的,也常是热切的反传统主义者。在他们年少生命的某一点上,他们身历了一种精神的或情绪的危机,经验了一种宗教性的"改宗"或"觉醒",其结果,他们变成了热切的反现代化传统主义者,而其原因并不清楚。

大部分反现代化文化民族主义者的文化哲学都是一种"体、用"二分的公式:"精神"文化与"物质"文化相对立。有些人声称其本身文化之"体"的普遍价值——因之,也面对着共相与殊相间的矛盾;有的,只声言其本身文化之"体"与较现代文化之"体"是平等及相当的;更有的人认为较现代化的文化没有"体"只有"用",不然,就是暗示较现代文化的"体"不过只是"用",现代文化的精髓是功利的。这些文化哲学的绝大多数并不真的是反对现代化;却是在实质上倡行一种本土精神文化与外来物质文化的混合、连接或融合。许多都隐然地意味着本土精神文化的高超性,却同时提倡从现代文化做选择性的引借。这个公式隐含的结果是:本土文化因之具备了现代化控制自然的装备,同时也保有着其原有的高超精神性。

在这些文化哲学的大部分中,本土文化被说成是"外人"的文化(现代化文化)的反面;同样地,对"外人"的构想,也就必然地以本土文化恰恰相反的形象而出之了。

是故，与现代文化的对峙为本土文化提供了界定其自身特殊性与要义的一个场合。

这些文化哲学中的国家主义因素，包括了创造国家认同对象的强烈企图，这个认同对象在向现代文化进行大规模文化引借时面临了严重的威胁；一个文化民族主义者，如果他本身"西化"越深，他越对界定国家文化认同对象感到强烈与急迫，其最终发展的自然高峰常成了一种"超级国家主义"的"泛"文化民族主义理论或运动。例如，日耳曼浪漫主义，变成了德国国家主义思想与泛日耳曼主义不可分割的一部分，而泛斯拉夫主义的理论也采纳了不少斯拉夫主义者的理论。至于泛亚洲主义，通常每个思想家都以他自身的文化为整个亚洲的"精义"、"代表"或"中心"；事实上，政治上最重要的泛亚运动就是日本帝国主义，它容纳也运用了日本的文化民族主义思想。

形成民族认同对象的努力的一个方面——特别是在向外进行大规模文化引借的时期——是对本土文化复苏与重振的想法。这想法同时也包括了摒弃与否定传统文化中某些不适于现代社会的因素，与此同时界定真文化的"核心"与"要义"。与此相关地，那些思想家常鼓励别人或自己进行对过去文化传承、语言、文学与历史方面的研究。如果本土文化的文学传承不厚，研究的重心则置于民俗、口头

# 结 论

俗文学方面，或界定本土语言之纯粹性方面。

在很多的情况下，本土文化的"精义"被认为包含在文学与语言的传统中，例如，泰戈尔和甘地，他们两人对印度本土语言与文学的振兴与保存都很感兴趣。在中国，反满革命的"国粹派"，认为文化的钻研乃形成新民族认同体的重要工作；共和之后，这种倾向在几个不同集团中依然可见：例如"学衡"的一些人物与国学运动。就算一国有深厚的文学传统，民俗的研究在寻求民族认同对象时也甚为重要，在日本，如柳田；在中国，如顾颉刚、钟敬文等。

在认识论方面，许多反现代化哲学常界定一种超越于通常理智的非理智性知识，其描绘的方式常常是指一种直觉，同立基于一种认现实为一"过程"及"流转"的宇宙概念。是故，直觉（有异于"静止"、"限制"与"受束"的理智）能以洞见"最终""真切"的现实。如果这个思想家是西方人，这种能力被当作人类普遍共有，如柏格森的直观与纽曼的推断力；如为非西方人（俄罗斯、亚洲等），这种能力则被说成在本土文化中特别敏锐、有力或成熟，如斯拉夫主义者的"整合理智"与梁漱溟的"理性"。

不管在西方还是东方，某种形式的社会主义总是反现代化理论的一部分。原因之一是：对文化保守分子、政治上的左派和右派而言，布尔乔亚功利文化、资本主义和政治的自由派都是他们的共同敌人。在非西方，"外人"既是资本主义，本土文化自当被视为它的反面。因此，非西方的文化常被说成是较多公有、更平等、更公正、更关心大众之福利等——特别是比起资本主义的西方来。

尤有进者，非西方的反现代化思想家们认为社会主义"更加进步"，道德上优越于西方资本主义，因而，社会主义成为超越西方的方式，一种赶过西方，变得比他们"更加进步"的方式。

我在这个探讨中所得的结论很简单：一种持续的、世界范围的对现代化加以批判的思潮，其存在基本上相似的内容，不管批评者个人来自怎样的文化背景或国家。唯一的差别是：在现代化的中心地区（西欧与后来的美国）不如"非西方"地区，很少采取文化民族主义的形式；在非西方地区，反现代理论与国家主义理论合流，强调斯土人民的独特性及其文化精神的优越性（阿Q思想并非中国所专有）。

东西方反现代思潮之类似，其理由也很简单：他们攻击的共同敌人"现代化"，在任何地方都是一个样子。尽管现代化及其批评的具体形式在各文化中皆有一定程度的变异，我认为它们基本上或根本上是一样的。现代化在任何地方基本上是同一个过程，也产生同样的问题、苦痛与不安等——或者，我们可说任何地方皆付出类似的代价。是故，对现代化的批评也就代表了深植普遍人性的一种同样有普遍性的反应。

各个批评者明定的批评对象因人而异——他们很少用"现代化"这个词本身——他们各自专注于若干因素或应用若干词汇，如：集权化、官僚化、科学、国家主义、西方化、科技、工业化、都市化、机械化、物质主义等。尽管如此，根据我对现代化的定义，所有这些不过是同一件事："理智化"的不同表现。只专注在其种种不同表现的一两个方面，现代化批评者常希冀对他们社会接纳现代化的方面加以选择，可获现代化之利而不付出代价。

心理学家们将现代生活的效应视为非理性的，这终极在若干层次都是讽刺性的：第一，他们的职业本身乃系现代化的一部分及其产品；第二，当然，现代化的精髓是为理性，那么，日增的理性与理智化怎么会将人类带到它的反面、非理性呢？在这里，存在着现代化的最大的困惑：当人类生活与社会的各个部分日益理性化后，整体似乎日益地非理性化。例如，官僚体制，其本身不过将理性的原则应用于行政管理的过程，由于日益的分工增添了过程的效率——同一原则运用于现代工业生产，如韦伯所指出的：官僚乃经济领域机器生产的政治社会之对应物。由是，过去两百年来，官僚体制在世界各角落无例外地加速成长，与现代化过程的其他部分齐头并进。然而，话说回来，在世界的任一角落也都没有例外的，官僚体制成为几乎是非理性与无效率的同义词，所谓的"官样文章"（redtape）所指的恰是非理性与疯狂的形式主义与愚蠢。

在经济的领域，情况一样：当经济体系的某一分离部分——技术、生产、分销、广告等愈益理智化与有效率，整个经济体系却变得越来越非理性。货品之发明与生产是为了发明新的需求，不然，如果考虑以社会为整体所付出的代价的话，其应用就变得明显地无效率。现代工作在其利用有限资源及能源方面效率是极为低劣的，如果以之与"前现代"的利用方式相比的话。加在这些上面的是：自然环境的破坏、污染、能源危机、人口危机——人口之所以成为危机，实由于现代医疗、工业、其他方面之现代化——以及其他类似的问题；这一切，遂令我们不能不做这样的结论：据现代化的本身标准与原则以观理性的利用——理智化所导致的乃讽刺性的非理性！

由理智化所产生的最大的非理性与非效率性，当然就是战争的现代化：及至于生产昂贵得惊人的武器系统，而若一旦加以使用，完全达不到它们预期的功能！是故，理智化的成分与表现：科学、技术、民族国家——引致的不外乎非理性的绝对本质：人类的彻底毁灭。理性世纪的最终产品，启蒙原则的实施与"逻辑"的发展，看来似乎恰恰是非理性的具体体现。

那么，启蒙理性主义其他社会政治方面的原则：民主、自由、平等、人权等（它们与经济的现代化可能有关也可能无关）又是怎样的情况呢？无疑地，过去两百年中，在世界范围内都日益推行着这些原则，其程度有如官僚化、工业化、科技等，然而，它们不也导致了整体的非理性化吗？

无疑地，马克思主义乃启蒙原则的扩展，将平等的原则扩充到经济的领域，其目的要有比资本主义社会更多的平等（权利的平等）与民主。而非社会主义的社会，在扩充这同样原则的过程中（增加个人权利与平等）却令人困惑地变得和社会主义社会越来越像。因为个人权利系由民族国家（官僚体系）加以保障，各种官僚机构与中央集权在过去几十年中以同样的速度扩充。同样地，非正式、非法律性结社的摧毁（其功能被官僚所取代）在社会主义与非社会主义社会几乎以同样的速度在进行；在国家为人民追求他们的平等与自由之时，家庭、民族、村庄、学校、会社、教会、行会等成了国家必须摧毁的障碍。是故，在社会主义以及非社会主义国家之中，我们注意到一个趋势：使个人与国家成为仅有的主要主体，在这样的过程之中，道德性（其根源在于社区）与道德标准随着社区而败亡，剩下个人自己的道德标准和所有其他个人的各种道德标准相"平等"，其确切效应为：道德标准毁弃之时，国家强制的法律准则便加以取代。然而，我们似乎不能说，将个人抛入一种社会与道德的真空，是与核战争同样的非理性。个人的自由与平等当然难免有其代价、苦痛、不安与受罪之处，而个人解放之结果并不能因为它违反了促其实现的标准而成了"非理性"的东西；相反地，这些现代化的政治与社会侧面之负面结果之所以是负面的，恰恰因了人类本性所存在的深邃的两面性与暧昧性。民主与平等之"好"，是不能否认的；而其"坏"的效果也是无可否认的。它们恰恰是同一个状态的体现。换句话说，"失常"乃个人自由的根本性质，也是它的代价。现代生活，其非个人性，缺乏恒常的人际纽带，没有道德准则或道德的确定性，欠缺认同主体等，恰恰是个人自由与解放的终极状态。个人自传统社会的"暴君统治"下"解放"了出来，也自家庭、社区及其道德律中脱出。正如在经济领域，现代化的正面必须要付出代价去交换，因为这些正面的东西对人类产生的效应先天上是两面性的与暧昧的，它是一体的两面。

## 结 论

我现在试着用一个具体的例子"家庭"来进一步阐明这种二重性。家庭曾经是大部分"前现代"社会中的主要单位（尽管它在每个文化中所采用的具体样式有异）；现代化的种种势力会把这个单位削弱，或终将毁弃。在现代社会中个人享有了较多的舒适、富裕的生活及较大的自由。有如在所有人们的集合中都存在着约束个人自由的权威，当家庭日益丧失了它的功能，更因为国家之作为个人权利与自由的保证人，国家遂合法地逐渐将个人自家庭中"解放"了出来；个人之从家庭纽带与权威中得到解放，也只有在丧失了家庭在情绪与精神上的支持与安适的代价下才会成为可能。

例如，离婚和男女的平权，以及其他相关的个人权利，都是由国家通过法律的手段予以支持，这些对于家庭之作为一个稳定的单位产生了笃定的摧毁性效果。尽管在某些现代化国家如美国，这种摧毁比其他国家（例如日本）程度尤甚，但跟"前现代"的家庭相比，同样的趋势在所有的社会里都明显可见。

我愿总结道：现代化是一个古典意义上的悲剧，它带来的每一个利益都要求人类付出对他们仍有价值的其他东西作为代价。事实上，大部分近来的文学与哲学（最起码在现代化了的国家）之勃兴，恰恰源于（也面对了）这么一种文化条件：人类有见于他们珍视的事物被他们想要的东西所削弱或摧毁。质言之，每个地方的个人对平等、民主、个人主义、入世思想、科学及现代工业产生的解放给予高度评价；然而，同时也继续为传统生活、家庭伦理、教会与社区，明晰道德理脉中紧密的个人关连、安稳的社会地位、与自然相契合等，大声疾呼。这两组欲求之间的冲突，不但象征和表达了人类最深的社会冲突，也象征和表现了人性本身的深邃矛盾。在历史上，人类大众选取了一组欲求而牺牲了其余，但当其传统被毁后，他们就抱怨他们的损失。

持续的反现代化批判的贡献与意义是：在批评的过程中，辨明了现代化过程的真正本质，也确定了人类应付的代价。

最终的一个问题，这些个批判是不是"对"的呢？或者，我们应该问这么个问题：现代化增加了人类的幸福与满足吗？

我们当会期待一个正面的回答；因为认为增加了生理的福祉、个人自由、平等、知识等（皆应拜现代化之赐），将增进人们普遍的幸福与满足，这个假设在逻辑上是可以成立的。话虽如此，真正的答案，却绝对是否定的：在现代化与人类的幸福及满足之间实际存在的却是"成反比"

结 论

的关系。幸福与满足既然是那么主观的内在状态,我们似会认为上面这个论旨无由证明或予反驳;然而,倘若我们接受1945年至1971年美国在这个论旨上进行的检验,我们是掌握着经验性的证据的。当然,可以理解的,世界各地在现代这个历史时期的所有人,都会认为美国人在这时期中自感快乐:在这个时期中经济快速成长,生活水平大幅跃升,无数的科技进步,对个人福祉日增的公共福利,民权的突飞猛进等。当时,最糟的环境污染、通货膨胀、犯罪增加、能源危机及其他问题如越南战争与水门事件也都还未发生。关于这26年,专家学者们收集了大量的统计资料[1],这些问卷式的调查,在于反映各个社会阶层、性别、教育水平、职业及年龄的人们的生活满意度。接受调查的对象被问及他们对自己的生活和以前相比是更快乐满足,或更不快乐、不满足;或者他们认为世事是在"变好还是变坏"。其结果显示:美国人对这时期中现代化的进步越来越不快乐,越来越不满意。在这同时期,有统计资料证明,美国进入精神病院的人数不断稳定地增加。

根据上述快乐日益消逝的广泛指标,似乎有理由可以

---

[1] Nicholas Rescher, *Unpopular Essays on Technological Progress* (Pittsburgh, 1980), pp. 7-19.

预期人们会渴慕过去的"旧日良辰"。然而,这个假设也是错的。根据同一个调查反映说,情愿活在过去的"旧日良辰"或"骑马赶车"年代的人,其百分比亦在同时期日益减少。这个二重性如何解释呢?我相信在这极明显的矛盾背后存在着根本的理由,那也就是说明了,自启蒙以还,为什么人类一边放手地现代化,同时,又一边放手地批评现代化——也就是说,各个地方的人们,只要有机会,就会做出摧毁其传统文化的选择,而在同时又抱怨他们如此行事不可避免的结果。

基本上,所有人类的内在状态——满足和不满足、快乐与不快乐、满意与不满意,甚至于快感与苦痛——都是主观的;是故,在延续生命必需的物质最低程度上来说,快乐——满意——满足是完全与预期相对的。种种期望则多依向过往经验的记录。当人们在现代化社会中,从过往经验中做概推,不可避免的结果是预期超过了实得,他们因而感到不快乐、不满足、不满意。现代化提高了人们对舒适、财富、健康等的期望水平,同时相应地提高了人们对环境与对其自身生活条件的需求。换言之,对现代化产生不满要在它膨胀预期的程度快过于能满足那些预期;这几乎是不可避免的效应,因为预期越快得到满足,它加速得也越快。

## 结 论

换一个说法，现代化创造了可以预见的人类生活物质条件方面的改善；当某些改善实际上发生时，人们却对之大打折扣，拒予正面评价，因为他们预期的是那么多（或通常都是更多），一旦改善完成，人们打它的折扣，因为他们早已将他们的目光寄托在将来进一步改善的预期之上了。矛盾的是，现代化自促进人类快乐的观点言，是自毁性的。

就算是在政治与社会理论的领域——如平等民主等——同样的原则也能适用：过去两百年的历史，相当清楚地，不管一个社会在一定时期有多民主，从来都未被认为"够"民主，而相对的"非民主"之感则继续增加；不管政治权利的基础在一时多么广泛与民众化，大部分人中相对的无力感亦日增不已；不管在一时一个社会中人们的权利与机会多么平等，相对的不平之感也是与日俱增而不是俱减。是故，在美国，在黑人所要求扩张其权利与机会、就业平等，及国家支持的特殊利益既得后，墨西哥人、亚洲人、妇女、罪犯、同性恋者、老年人、年轻人、儿童、残障者、精神病患者，及其他各类人也都随之有所要求，是完全合乎逻辑的。

然而，尽管种种预期难以满足，现代化提供种种改善与好处的代价还是要付的——这就是我们所检讨大部分评者的中心主题。职是之故，现代化造就不快乐的能力乃大大超过其予人快乐的能力。但是,又为什么人们越来越不愿意回到"前现代"时期的物质与社会条件中呢?我相信物质的舒适和个人自由都是会"上瘾"的。无疑地,人类的物质欲望与预期所进行的只有一个方向:向上,向上提升得快且容易;但是,一旦达到一定程度的舒适或某种程度的消费,它偏偏就下不来了;古语说"由奢入俭难",真是一语道破啊!

广大民众当然是不愿意牺牲他们早已习惯了的那些现代化物质利益,然而这样的热衷却无法承受长期的考验。在20世纪60年代作为"对抗性文化"运动的一部分,许多西方青年参加了农村公社或其他形式的公有组织,献身于降低对现代技术的依赖,在很多情况下,这些团体事实上企图重新创造"前现代"的社区生活,其中有些存在了好些年,然而渐渐都失败了。

就算有一群真正同心协力的人,决意忍受"前现代"时期物质的限制与不适,以赢回他们在精神与心理上的损失,那还是不可能的。单单民族国家存在的这个理由,就够了:民族国家之不能够准许它的百姓做这样的牺牲,很简单地,倘若如此就立即会被现代化的强邻所主宰。例如甘地,他真是情愿做此牺牲,且详为阐明其理。当然,他是现代印度无可否认的精神之父及最具影响力的人物,尽管如此，当前印度却丝毫找不出甘地原先为它筹划的任何一点痕迹。

现代化、民族国家、国家主义、个人主义、平权民主自18世纪在西方同时涌现以来，它为西方所产生的经济、军事与政治上的优越性，使得这个例子成了全世界人民最终追随的样本，事实已经证明。民族国家官僚体制扩张以促行现代化及其他原则的世界范围模式，是明显的，不可反转的，它摧毁了种种人类重要的价值、制度及其他实体。自现代化诞生之日始，其批判者即指出这样的事实。这个批评现代化的"传统"和现代化本身一样有其普遍性与同一的内涵。我们可总结道：现代化及与其同时存在的反现代化批判，将以这个二重性的模式永远地持续到将来。

# 新版后记

这一新版本的大多数的内容都跟上一版相同。尽管此书具有高度理论性的论调，其内容也非常密实，当初出版时仍大受欢迎并吸引了广泛的读者，涵括了各领域的学术专业人士、大学生以及不同学历的众多读者。本书出版多年以来，广受其他书籍、论文的引用，我在此非常感激中国的阅读大众以及他们给予我的反响。

此书聚焦在欧洲启蒙运动后期至20世纪前期这段时期的著名知识分子所形成的思潮。虽然我曾试图对这段历史铺陈更多的细节，但有些可以被视为20世纪的反现代思潮的代表人物在第一版中依旧完全没有被提及。20世纪后期与21世纪初才兴起的重要思潮在第一版中也未能探讨。因为在我撰写本书第一版的时候，感到有许多思想家尚未经过足够长的时间考验，不能判断他们是否真的算是历史中的"主要人物"。

为了讨论上述两点，这个新的版本增加了后现代主义的内容。后现代主义这种特定的哲学或思想信条，是当代全球一个重要的思潮。很明显地,这个现象是20世纪60年代后期的西方思想开始对"启蒙事业"进行更广泛的回溯反省的其中一支,并且直到今日仍在继续。以此观之,后现代主义应该被视为本书所讨论的历代对启蒙运动持续批判的一个延续。不过在表面上看,后现代主义与本书所探讨的思想界对启蒙运动的"持续焦虑"之间的关系并不显著。

正如我在本书中一再主张的,启蒙运动本身及其后续发展,创造了对启蒙运动的持续批判,并提供了源源不断的动力。后现代主义也是如此应运而生,是近期以来对欧洲启蒙运动的回应,它本身就是启蒙运动在思想上留下的遗产之一。

艾恺
于 2021 年 6 月